Christian Waas

Die Quellen der Beispiele Boners

Christian Waas

Die Quellen der Beispiele Boners

ISBN/EAN: 9783742868213

Hergestellt in Europa, USA, Kanada, Australien, Japan

Cover: Foto ©ninafisch / pixelio.de

Manufactured and distributed by brebook publishing software
(www.brebook.com)

Christian Waas

Die Quellen der Beispiele Boners

DIE

QUELLEN DER BEISPIELE

BONERS.

INAUGURAL-DISSERTATION

ZUR

ERLANGUNG DER DOCTORWÜRDE

DER

HOHEN PHILOSOPHISCHEN FAKULTÄT

DER

UNIVERSITÄT GIESSEN

VORGELEGT VON

CHRISTIAN WAAS

AUS FRIEDBERG IN DER WETTERAU.

1897.
DORTMUND.
DRUCK VON FR. WILH. RUHFUS.

Meinen

lieben Eltern

gewidmet.

V

Häufig abgekürzt zitierte Werke:

Der Edelstein von Ulrich Boner, hsg. v. Pfeiffer. Leipzig 1844. (Pfeiffer.)
Léopold Hervieux: Les fabulistes latins depuis le siècle d'Auguste jusqu'à
  la fin du moyen âge I, II (1. Aufl. Paris 1884) III. 1894. (Herv[ieux]).
Der Lyoner Yzopet mit dem kritischen Texte des lat. Originals (sog.
  Anonymus Neveleti) hsg. v. Wendelin Förster. Heilbronn 1882:
  Altfranz. Bibl. Bd. V. (Förster.)
Lessings sämmtliche Schriften, hsg. v. Lachmann-Maltzahn. (Lessing.)
Reinhold Gottschick: Über die Quellen zu Boners Edelstein. Charlotten-
  burger Programm 1875. (Gottschick 1. Progr.)
ders.: Über die Benutzung Avians durch Boner. Zs. f. d. Ph. VII. 237.
  „ Über die Zeitfolge in der Abfassung von Boners Fabeln. Diss.
  Halle 1879. (G. Diss.)
  „ Quellen zu einigen Fabeln Boners. Zs. f. d. Ph. XI, 324.
  „ Über Boners Fabeln. Charlottenburger Programm 1886. (G. 2. Progr.)
Bruno Herlet: Studien über die sogenannten Yzopets. Diss. Erlangen 1889.
  abgedr. Rom. Forsch, hsg. v. K. Vollmöller, Bd. IV. (1891), 219
  (H. Diss.)
  „ Beiträge zur Geschichte der äsopischen Fabel im Mittelalter.
  Bamberger Progr. 1892. (H. Progr.)
Mall: Zur Geschichte der mittelalterlichen Fabellitteratur. Zs. f. rom.
  Phil. IX, 161.

Ausgaben:

Anonymus Neveleti, wenn nicht anders bemerkt, nach Förster zitiert.
Avianus: Fabulae, wenn nicht anders bemerkt, nach der Ausgabe von
  Robinson Ellis „The fables of A." Oxford 1887.
Egbert von Lüttich: Fecunda ratis, hsg. v. E. Voigt. Halle 1889.
Petri Alfonsi: Disciplina clericalis, hsg. v. Fr. W. Val. Schmidt. Berlin 1827.
The exempla or illustrative stories from the sermones vulgares of Jaques
  de Vitry, ed. by Th. Fr. Crane, London (Folk-Lore Soc.) 1890.
Anecdotes historiques, Légendes et Apologues, tirés du recueil inédit
  d'Etienne de Bourbon . . . publiés par Lecoy de la Marche. Paris
  (Soc. de l'Hist. de France) 1877.
Eine Sammlung von Erzählungen in lat. Sprache aus dem 14. Jahrhundert.
  (Tractatus de diversis hystoriis Romanorum . . .) hsg. v. S. Herzstein.
  Diss Erlangen 1893 (vollst. Erl. Btrge. zur engl. Phil. Heft XIV.)
Gesta Romanorum von Hermann Österley, Berlin 1872.
  „   „   nach der Innsbrucker Hs. v. 1342, hsg. v. W. Dick.
  Erlanger Btrge. zur engl. Phil. Heft VII.
Die beiden ältesten lat Fabelbücher des Mittelalters. (II. Des Nicolaus
  Pergamenus Dialogus Creaturarum) hsg. v. Th. Grässe. (Litt.
  Ver. CXLVIII.)

VI

Les contes moralisés de Nicole Bozon . . . publiés . . . par L. T. Smith et Paul Meyer, Paris (Soc. des anciens textes français) 1889.

Le novelle antiche (Novellino) ed. Biagi. Firenze 1880.

Novollette, esempi morali e apologhi di San Bernardino da Siena, ed. Zambrini, Bologna 1868.

Schimpf und Ernst von Joh. Pauli, hsg. v. H. Österley (Litt. Ver. LXXXV). Wendunmuth von H. W. Kirchhof „ „ „ „ („ „ 1 C Bd. V).

Alte Drucke.

Vincentii Bellovacensis: Speculum naturale, Venedig 1494.

      „   „   „   historiale, „   „

*   „   „   „   doctrinale, Douay 1624.

      „   „   (?)   „   morale, 2 Bde. s. l. e. a. Grossfolio.

Martinus Polonus: Sermones de tempore et sanctis cum promptuario exemplorum, Strassburg 1488

** Liber de abundantia exemplorum Alberti magni (?) Ratispa. episcopi ad omnem materiam s. l. e. a.

Johannis Gallensis: Communiloquium sive summa collationum.

                                   Strassburg 1489.

Guiberti Tornacensis: Sermones ad status. Löwen s. a.

Johannis de S. Geminiano: Conciones per totam quadragesimam 1685.

                                   (Titelblatt fehlt.)

Sermones sive enarrationes in evangelia et epistolas, qui Thesaurus novus vulgo vocantur authore Petro de Palude (?) Mainz 1608.

Johannes Junior: Scala celi. Strassburg 1483.

Johannes de Bromyard: Summa predicantium. Nürnberg 1518.

Liber moralitatum elegantissimus magnarum rerum naturalium Lumen anime dictus. 1482 s. l.

* Johannes Herolt: Sermones discipuli de tempore et sanctis et promptuarium exemplorum (ohne Titel- und Schlussblatt).

* Gottschalcus Hollen: Sermonum pars hyemalis et estivalis. Hagenau 1517.

Gabriel Barleta: Quadragesimale: Sermones. Paris 1507.

Magnum speculum exemplorum. hsg. v. Joh. Major, Soc. Jes., Köln. 1718.

Seit den letzten Untersuchungen über die Quellen Boners (den Arbeiten Gottschicks) ist viel neues und wichtiges Material für die Geschichte der Fabel und Novelle im Mittelalter erschienen, das mit Rücksicht auf Boners Fabelbuch noch kaum benutzt ist. Auch aus dem schon vorher veröffentlichten Material ist noch reiche Nachlese zu halten. Das bisher Ermittelte bedarf also einer nochmaligen Durchsicht, die es ermöglichen wird, die Resultate sicherer und schärfer zu ziehen, hier zu berichtigen und dort zu ergänzen.

Die Forschung über die Quellen Boners.

Wenn heute erst Bs. Edelstein bekannt worden wäre, und es sich nun darum handelte, die lat. Quellen seiner Fabeln zu ermitteln, so würde man wohl zunächst nach dem Werke greifen, das mit dem Anspruch auftritt, als „*Corpus fabularum latinarum*" (Mall) zu gelten. Das Werk von Hervieux „*Les fabulistes latins* . ."* enthält ziemlich vollständig den ganzen Wust von Fabelsammlungen, die im M.-A. im Umlauf waren. Aus den Texten dieses Werkes wären bald die gefunden, die B. für die Hauptmasse seiner Erzählungen benutzt hat. Doch die Frage nach den Quellen Bs. war in der Hauptsache schon ein Jahrhundert vorher entschieden, ehe eine fleißige Hand es unternahm, alles zusammenzutragen, was uns von lat. Fabelbüchern aus dem M.-A. erhalten ist. Ja man kann sagen, daß auch lange vor Lessing schon die Hauptquellen Bs. richtig erkannt worden sind. Es giebt nämlich Hss. Bs., in denen hinter den deutschen Fabeln der Aesop- und Aviangruppe die lat. Moralverse der Quellen (Anonymus Neveleti und Avian) eingetragen sind. [hsg. Zs. f. d. Ph. VI, 278—282]. Aber diese Entdeckung eines oder mehrerer mittelalterlicher Abschreiber beruht eben darauf, dass ihnen nur diese beiden lat. Sammlungen bekannt waren, die auch die von B. benutzten Stoffe enthielten.

Der erste, der sich mit unserem Dichter wissenschaftlich beschäftigte, ist Lessing. In seiner ersten Abhandlung über B. „Über die sogenannten Fabeln aus den Zeiten der Minnesinger. Erste Entdeckung 1773" [Lessing IX, 7] weist er auf den ersten

Druck des Edelsteins, den Pfisters von 1461 hin. In demselben
Bande seiner Beiträge „Zur Geschichte und Litteratur" II. „Romulus
und Rimicius" handelt er von den lat. Fabelsammlungen des M.-A.
und weist nach, dass der sog. Anon. Neveleti weiter nichts ist als
eine Versifikation des Romulus [IX, 54]. Damit hatte er die Vor-
arbeiten gethan, um die Hauptquellen Bs. festzustellen. In der
ersten Abhandlung des fünften Beitrags „Zur Gesch. und Litt."
wendet er sich wieder unserem Dichter zu : „Über die sog. Fabeln aus
den Zeiten der Minnesinger. Zweyte Entdeckung." Diese zweite Entdeckung ist der wahre Name des Dichters. Lessing hält hier seine
Abrechnung mit Gottsched, der nach ganz flüchtiger Lektüre der
Schlussrede des Edelsteins einen Riedenburg, wie er gelesen hatte,
als Verfasser proklamirt hatte. Zuletzt beschäftigt sich Lessing
mit der Zeit, in der der Dichter gelebt hatte, und setzt ihn in die
zweite Hälfte des 14. Jhs. [X, 353]. Er kommt damit der Wahrheit
viel näher als Breitinger, der Herausgeber, der ihn noch in die Zeit
vor Friedrich II. gesetzt hatte. Wenn auch die Gründe Lessings
heute nicht mehr gelten können, so wird niemand mit ihm darüber
ins Gericht gehen.*)

In dieser Untersuchung hatte Lessing auch die Quellen zu
der Mehrzahl der Fabeln Bs. namhaft gemacht [X, 348 ff.] und
zwar den An. Nev. und Avian. Dann fährt er fort [X, 349]:
„25 fehlen noch, deren anderweitige Quellen ich nun hier an-
zeigen müßte, um mein Wort gut zu machen. Doch weil mich
dies itzt zu weit abführen würde, so will ich von ihrem lat.
Ursprunge einen Beweis geben, den man hoffentlich wird gelten
lassen." (Er meint die lat. Schlussverse einiger Hss.) Ob Lessing
damals thatsächlich schon für alle noch ausstehenden Erzählungen
die direkten Quellen gefunden hatte, ob es ihm überhaupt möglich
gewesen wäre, sie für **alle** zu finden, dürfte billig bezweifelt werden.
Lessing starb in demselben Jahre, in dem diese Arbeit erschien (1781).

Durch die neueren Ausgaben von Eschenburg (1810) und
Benecke (1816) wurde das Studium der Quellen Bs. nicht über die
Resultate Lessings hinausgeführt. 1825 weist Robert „Fables
inédites . ." lat. Parallelen zu zwei Fabeln Bs. nach. Während

---

*) Weniger verzeihlich ist es aber, wenn noch für einen unserer
Zeitgenossen die deutsche Litteraturgeschichte auf dem Standpunkte
Bodmers und Breitingers steht: Hervieux I, 515 nennt unseren Dichter
„le prince des minnesingers" — wahrscheinlich nach dem Titel der
Breitingerschen Ausgabe. Ebenfalls in der 2. Aufl. Herv. I, 562.

die Ausgabe der *Disciplina Clericalis* von Val. Schmidt 1829 Nach-
weisungen zu vier weiteren Erzählungen brachte, verwertete Pfeiffer
in der jüngsten Ausgabe unseres Dichters nur die Ermittelungen
Lessings. Überaus reich an Nachweisungen für die Geschichte der
Novellenstoffe sind Österleys Ausgaben von Pauli, Kirchhof und
der *Gesta Romanorum* und die Ausgabe des B. Waldis von
Kurz. Neues Material brachten die Ausgabe ausgewählter Erzäh-
lungen Etiennes de Bourbon von Lecoy de la Marche und die
Bozons von Paul Meyer. Die wertvollste Arbeit aber für die
Geschichte der Novelle im M.-A. ist die Ausgabe der Exempla
Jacobs von Vitry und die vorzügliche Einleitung von Crane. Grosses
Verdienst um die Ermittelung der Quellen Bs. hat sich Gottschick
erworben. Für vier Erzählungen Bs. (No. 4, 53, 89, 99) sind bis
jetzt weder Quellen noch Parallelen nachgewiesen.

Auch das Verhältnis Bs. zu den schon von Lessing nachgewiesenen Quellen ist untersucht worden. In seinem Programm von
1875 hat Gottschick den von Österley herausgegebenen Romulus
verglichen und gezeigt, daß dieses Werk neben dem An. Nev.
als Quelle Bs. nicht in Betracht kommen kann. Damit ist auch ein
Teil des positiven Beweises der Behauptung Lessings geliefert
worden. Andererseits hatte Schönbach (Zs. f. d. Ph. VI, 274 ff.)
den Versuch gemacht, nachzuweisen, daß B. den Avian nicht in
seiner originalen Gestalt, sondern in einem Auszug benutzt habe.
Auch hier hat Gottschick der Behauptung Lessings zum Siege ver-
helfen können (Zs. f. d. Ph. VII, 237 u. 2. Progr. p. 27).

Nachdem wir uns über die Ergebnisse der bisherigen For-
schungen orientiert haben, können wir zur Behandlung der Frage
selber übergehen und werden am besten daran thun, uns zunächst
beim Dichter selber zu erkundigen, was er uns über seine
Quellen sagt.

1. Was sagt Boner selber über seine Quellen?

Daß B. kein originales Werk geschaffen, sagt er selber am
Anfang und Ende seines Buches:
Prolog v. 39: „Dà von hab ich, Bonêrius,
bekümbert minen sin alsus,
daz ich hab mange bischaft
gemacht, àn grôze meisterschaft,

ze liebe dem erwirdegen man
von Ringgenberg, hêrn Jôhan,
ze tiutsch mit slechten worten,
einvalt an allen orten,
von latîne, als ich ez vant
geschriben."

Epilog 41 : „und der, der ez ze tiutsche brâcht
hât von latîn, des miiez gedâcht
iemer ze guote werden,"

Seine Quelle oder Quellen waren also lateinisch. Da B. ganz allgemein sagt, daß er aus dem Lateinischen ins Deutsche übertragen habe, muß man vorläufig annehmen, daß or den Stoff zu allen seinen Fabeln in lateinischen Werken vorgefunden, daß er keines seiner Beispiele selbst erfunden habe.*)

Der Dichter selber spricht von seinem Verdienste äußerst bescheiden. Er selbst rühmt sich eigener Erfindung nicht, er will nur ins Deutsche übertragen haben „àn grôze meisterschaft", wie er es lateinisch geschrieben gefunden. Der Mangel an Originalität wäre für ihn kein Vorwurf gewesen. Er schreibt, um durch die Moral zu belehren und zu bessern, nicht aber um ein originales Kunstwerk zu schaffen. Daß er aber diese schlichte und gefällige Form gewählt hat, daß er nie in den öden Predigtton verfallen ist und nie nach scheinbar tiefsinnigen Allegorien gesucht hat, in denen viele Fabulisten und Novellisten des Mittelalters schwelgen, das allein schon zeugt von ästhetischem Empfinden und ist Ruhmes genug.

In seiner letzten Erzählung zeigt er ebenfalls, daß seine Vorlage lateinisch gewesen ist :

100,34 „daz wort ze tiutsche von latîn spricht,"
Boner selbst giebt auch die Namen von zwei benutzten Werken an :

62 (Schluss) : „als der Ysôpus hât geseit :
got geb uns vröid und niemer leit!"
und die folgende Fabel beginnt : ·

68,1 „Ein wolf eis 'mâls hungren begân,
als man list in dem Aviàn."

---

*) Wackernagel I, 371, hsg. v. Martin, hat von einigen Erzählungen, die er übrigens nicht genauer bezeichnet. behauptet, daß sie auf „heimische Überlieferung" zurückgehen. Für Nr. 4 hat Schönbach, Zs. f. d. Ph. VI, 286, freie Erfindung angenommen. Wir werden im Schlußteile darauf zurückkommen.

Zwar ist uns mit dem ersten Namen wenig geholfen, da im
M.-A. eben jedes Fabelbuch ein Aesopus hieß.*)
Selbst Bs. Edelstein wird in Handschriften Aesop genannt.**)
Um so bestimmter aber ist der Name des römischen Fabel-
dichters, dessen Werk im M.-A. sich einer großen Beliebtheit
erfreute, ohne deshalb so entstellt zu werden, wie das des Phädrus.
Avian blieb in seiner originalen Gestalt erhalten, gegen die die
Umarbeitungen nie aufkommen konnten.

Auffallen muß, daß gerade hier, am Ende der einen und am
Anfang der folgenden Fabel, Quellen vom Dichter angegeben
werden und sonst nirgends. Das kann kein bloßer Zufall sein:
Nr. 63 (Erwähnung Avians) ist die erste Fabel des originalen
Avian, dessen Stoffe hauptsächlich von nun an auch bei B. sich
finden. Mit 63 scheint also ein neuer Teil zu beginnen.***)

An seiner Spitze steht der Name Avians. Am Schlusse der
vorhergehenden Erzählung haben wir den Namen Ysôpus gelesen.
Die Vermutung liegt nahe, dass, wie Nr. 63 die erste Fabel aus
Avian, so No. 62 die letzte aus dem Ysôpus ist. Wenn dem so ist,
dann haben wir besonders diejenigen Aesope ins Auge zu fassen,
deren letzte Fabel der 62. Bs. entspricht. Es scheint also, daß
der Dichter zwischen 62 und 63 einen scharfen Einschnitt habe
bezeichnen wollen: „Hier hört mein Aesop auf. Avian fängt an."
Es giebt eine Reihe von lat. Fabelhss. des M.-A., die einen Aesop
mit Avian verbinden [z. B. Herv. J, 475]. Sollte B. eine von ihnen
benutzt haben, sollte er auch darin seiner Hs. gefolgt sein, wenn
er in ihr las etwa:

Explicit Ysopus
Incipit Avianus. ?

Auch der Segensspruch hinter „als der Ysôpus hàt geseit":
63,83 „got geb uns vröid und niemer leit!" könnte aus der lat. Hs.
übersetzt sein. Finden sich doch derartige Formeln überaus häufig
am Ende von Hss.†)

*) Noch B. Waldis: „Esopus."
**) Ausg. v. Benecke XXXIV. Pfeiffer 187.
***) Schon Goedeke: Deutsche Dichtung im M.-A. (1854) 652a hat
darauf aufmerksam gemacht.
†) Z. B. Wiener Hs. des An. Nev. Herv. 1² 581: *Explicit Esopus;*
qui scripsit sit benedictus. Boner selbst folgt dem Brauche, Anfang und
Ende eines Buches zu markieren: Prol. 76: alsús vàhet daz büchlîn an.
Epil. 32 . . . Ein ende hât daz buoch, daz hie geschriben stât.

Außer Avian und Aesop nennt der Dichter keine Autoren mit Namen. Einige Male bezeichnet er einzelne Sprüche als entlehnt, so:

Prol. 30: „Ez sprechent ouch die meister wol:
mê denne wort ein bîschaft tuot!"

Wer unter diesen Meistern zu verstehen ist, kann bei dem großen Bedeutungsumfang dieses Wortes nur durch litterarische Nachweisung dieses Spruches gefunden werden. Dieser Spruch findet sich in der lat. Litteratur des M.-A. sehr häufig, vor allem da, wo es gilt, die Berechtigung der Beispiellitteratur zu erweisen: also im Prolog zu Exemplasammlungen zu Zwecken der Predigt. Schon Seneca phil. hatte gesagt (Epist. VI. 5 opera ed. Fickert (1842) I, 19): *„Longum iter est per praecepta, breve et efficax per exempla."* Ähnlich bei S. Ambrosius: Comment. in Ep. I ad Cor. ad v. 15 (opera Paris 1690 II, 145) *„cui verba non satis faciunt, solent exempla suadere"* und De virginibus II. c. 1 (opera II 163) *„exemplis potius quam praeceptis putavimus imbuendum: licet amplius proficientur exemplo."* Die im M.-A. beliebte Form erhielt dieser Gedanke durch S. Gregor (S. Gregorii Papae I. opera Paris 1705 Sp. 152) Dial. I. E. *Et sunt nonnulli quos ad amorem patriae caelestis plus exempla quam praedicamenta succendunt.* Diese Stelle wird zitiert im Prolog einer lat. Exemplasammlung: *Manipulus exemplorum* (Ms. v. Arras. Hist. litt. de France . . XXXI, 62), von Odo de Ceritonia im Prolog zu seinen Narrationes Herv. II 589) und von Etienne de Bourbon (ed. Lecoy p. 4). Ähnlich auch Jacques de Vitry: *Vita S. Mariae Oigniacensis* (Ausg. der Exempla v. Crane p. XX) und im Prolog zu seinen *Sermones vulgares* (Pitra: *Analecta novissima Spicilegii Solesmensis* II, 192 Paris 1888). Diejenige Fassung, der Boner am nächsten steht, findet sich bei Humbertus de Romanis (Speculum Religiosorum II c. 7 (Max. bibl. vet. patr. Lyon 1677 Bd. XXV, 667): *„Maioris efficaciae est exemplum quam verbum";* auch die darauf folgende Erklärung *„ . . ad operandum animat, et operantem confortat"* entspricht B. Prol. 32

diu (scl. bischaft) sterket manges menschen muot.

Ähnlich in den Predigten Guiberts von Tournay fo 28 v⁰ *„Plus movent exempla quam moveant verba."* Vergl. ferner: *Liber de abundantia exemplorum* (Hist. litt. XXIX, 547), Etienne de Besançon: Alphabetum narrationum unter „exemplum" (N. Bozon ed. P. Meyer p. XI), Bertrandus de Turre (1. Hälfte des 14. Jhs.)

Sermonum pars hyem. Straßburg 1501 fo CXXIX. Q.) und Meffreth
v. Meißen (15. Jhs.) Hortulus reginae (J. de Vitry hsg. v. Crane
p. LIX). Die beiden letzteren zitieren Augustins „De doctrina
Christiana".

Ferner zitiert B. 28, 27 (= 84, 72. 73):

„der wis man spricht, daz **man nicht sol
gelouben allen geisten wol.**"

Mit diesem weisen Manne könnte der Aesop Bs. gemeint sein,
denn die Quelle dieser Fabel hat hier (An. Nev.) 24, 9

„*Tempore non omni non omnibus omnia credas.*"

Von diesem Verse ist der Dichter jedenfalls angeregt worden. Die
Fassung des Spruches fand er aber in der Bibel, wo es I. Joh. 4, 1
heißt: „*Nolite omni spiritui credere.*" *)

Direkt beruft sich B. auf die Bibel 61, 78:

„**wer bôslich tuot, sîn lôn enphât**
hie der mensche oder dort
als uns lêrt der heilgen wort."

C hat: „lerent **die** heilgen wort."

E a b: „daz sprichet wol das heilig wort."

II. Regum 3, 39: „*retribuat Dominus facienti malum iuxta
malitiam suam.*" (Ähnlich I. Cor. 3, 8).

Auf die Quelle der Fabel selbst geht zurück 80, 28:

„ouch hôrt man dik die wisen sagen,
daz der, der ze vil begert,
nâch sîner begird nicht wirt gewert."

Avian 33, 13: *Sic qui cuncta deos uno male tempore poscunt,*
Justius his etiam vota diurna negant.

Durch das ganze Werk hindurch finden sich allgemeine
Berufungen auf Quellen (meist der Erzählungen selbst): z. B. 8, 8
„als ich an einem büechlin las", 79, 15: „als ich die bischaft
hab gelesen", 9, 1 „man list", 93, 1 „von einem urlig hœr ich
sagen". 62, 80 „ouch hab ich selber wol gelesen" und eine Menge
von ähnlichen Wendungen, aus denen sich aber nichts für die
Quellen selbst entnehmen läßt.**)

---

*) Ähnliches Bezzenberger zu Freidank p. 459. — Schönbach, Zs. f.
d. Ph. VI, 257 will statt „geisten" gesten lesen. Inhaltlich ist diese Kon-
jektur ganz unnötig und verliert durch den Hinweis auf I. Joh. 4, 1 jede
Berechtigung.

**) Daß auch „man seit" und Ähnliches manchmal auf schriftliche
Quellen zu beziehen ist, zeigt B. 55, 1 = An. Nev. 46.

Ziehen wir das Resultat! Der Dichter versichert, nur übertragen zu haben und zwar aus lat. Quellen. Er nennt als Quellen von Fabeln einen Aesop und Avian. Weniger bestimmt zitierte Schriften konnten ermittelt werden.

2. Die Hauptquellen.

A. Die Aesopgruppe.

Nach der Erwähnung des Ysopus am Ende der 62. und des Avian am Anfang der 63. Fabel läßt sich vermuten, daß bis 62 ganz oder hauptsächlich ein Aesop Bs. Quelle gewesen ist, von da ab Avian. Darnach bezeichnen wir die Fabeln, die wir in einem Aesop nachweisen können, als die der Aesopgruppe, die, deren Stoffe aus dem Avian genommen sind, als die der Aviangruppe.

a. Die lat. Aesope des Mittelalters.

Die Fabelstoffe, die dem M.-A. durch die antike Litteratur überliefert worden sind, gehen — abgesehen von dem Wenigen, was nur bei röm. Autoren erhalten ist, — auf Aesop zurück. Mit diesem Rechte trägt die große Mehrzahl der mittelalterlichen Fabelbücher den Namen „Aesopus". Die Vermittler waren Phädrus und Avian. Während Avian in seiner originalen Gestalt erhalten blieb und nur selten das Opfer von Umarbeitern wurde, ist **Phädrus** in seinem Original dem M.-A. fast gänzlich unbekannt Die Senare des Phädrus wurden in Prosa umgeschrieben, diese Prosa wurde dann wieder umgearbeitet, erweitert, ja selbst wieder in Verse gebracht. Phädrus selbst kann also von vornherein für unseren Dichter nicht in Betracht kommen. Von seinen Abkömmlingen ist von Lessing der sog. Anonymus Neveleti als Quelle für eine Reihe von Fabeln Bs. in Anspruch genommen worden. Andere Bearbeitungen des Phädrus waren weniger bekannt. Erst 1870 ist auch der **Romulus** (eine Prosaauflösung des Phädrus, spätestens aus dem 10. Jh. vgl. Österley: Rom. p. XII u. Herv. I 279), die Quelle des An. Nev., durch die Ausgabe Österleys wieder allgemein zugänglich gemacht worden. Auch im Romulus liegt eine große Zahl der von B. bearbeiteten Stoffe vor; die Hss. tragen durchweg den Titel „Aesopus". Gottschick hat in seinem 1. Programm (p. 2 ff.) die Frage erörtert, ob nicht der Romulus der Aesop Bs.

gewesen sein könnte. Er hat sie verneint und zwar aus folgenden Gründen: 1.) Der An. Nev. hat nur die drei ersten Bücher des Rom. bearbeitet. Auch B. hat keine Fabel aus dem 4. Buche des Rom. 2) Der An. Nev. hat zwei Fabeln, die der Rom. nicht hat. Auch bei B. finden sie sich (No. 61 und 62). 3.) Der An. Nev. ist durch die Wahl des elegischen Maßes gezwungen, so stark von dem Texte des Rom. abzuweichen, daß man durch Vergleichung beider Texte mit dem Bs. Zug für Zug verfolgen kann, Åwie B. stets mit dem An. Nev. übereinstimmt, wo dieser vom Rom. abweicht. Gottschick hat dies an einer langen Reihe von Fällen in ganz überzeugender Weise nachgewiesen. Der Romulus kann also der Aesop Bs. nicht gewesen sein.

Das, was von dem Romulus gesagt ist, gilt auch mutatis mutandis von der **Weifsenburger Sammlung** (1 Hs. des 10. Jhs. Österley p. XII. Herv. I 259). Sie hält sich noch sklavischer als der Rom. an die Worte des Phädrus; zudem fehlen in ihr Fabeln, die bei Rom. — An. Nev. — Boner erhalten sind: z. B.: Rom. I, 19 = An. Nev. 20 = B. 23. Zwei Fabeln, die sie selbstständig hat, fehlen auch bei B. (1. Ausg. der Hs. Herv. II 146). Werfen wir nun noch einen Blick auf die dritte der Phädrus am nächsten stehenden Sammlungen. Der **Anon. Nilanti** (Herv. II, 121) enthält nur wirkliche Tierfabeln, also keine jener novellistischen Erzählungen wie B. 57 (Matrone v. Ephesus) = An. Nev. 48 = Rom. III, 9. Der Bearbeiter hat aber eine Reihe von Phädrusfabeln ausgelassen, die sich in den von Rom. abhängigen Sammlungen finden: z. B.: Phädrus I, 16 = Rom. II, 12 = An. Nev. 31 = B. 85. Das eigne Gut des An. Nil ist auch von B. nicht benutzt. Die Vergleichung des An. Nil., des An. Nev. und Bs. führt zu demselben Ergebnis wie beim Rom.

Von diesen Sammlungen, die mehr oder minder direkt auf Phädrus zurückgehen, hat nur der Rom. Bedeutung für die Geschichte der Fabellitteratur des M.-As. erlangt. Auf ihn gehen irgendwie alle übrigen Aesope zurück. Das Verwandtschaftsverhältnis im Einzelnen ist trotz der Untersuchungen von Hervieux, G. Paris (Journal des Savants 1884 p. 670 u. 1885, 37), Mall und Herlet noch nicht recht klar zu überschauen. Bei der grossen Verbreitung der äsopischen Fabel im M.-A. darf man mit Bestimmtheit vermuten, dass noch weitere Romulusrezensionen verloren sind. Doch schon das Erhaltene reicht aus, um die Abhängigkeit Bs. von einem Gliede der grossen Familie mit Sicherheit zu ermitteln.

Die Überlieferung der ursprünglichen Romulusrezension teilt sich in drei Zweige (G. Paris) 1.) Der erhaltene Rom. (Herv.: „*le vrai Rom.*", den wir oben besprochen haben. 2.) Die Rezension des Wiener und Berliner Rom. 3.) Der **Rom.** Nilanti (zum Unterschied vom **An.** Nil.). Diese drei Zweige unterscheiden sich hauptsächlich durch den Fabelbestand. Da der Text der Romulusfabeln sehr wenig von dem des schon besprochenen Rom. abweicht, da B. keinen der neu hinzugefügten Stoffe behandelt hat, brauchen wir hier nicht näher auf diese Sammlungen einzugehen. *)

Für die Umgestaltung und Erweiterung des Aesop hat das meiste wohl **England** beigetragen. **)

Die Umgestaltung im Einzelnen und die Vermehrung des Stoffes, die der Aesop in England erfahren hat, zwingt uns, jedes Glied der engl. Familie einzeln zu besprechen.

Die sog. **Fabulae rythmicae** (hsg. v. Herv. II. 436 ff.) sind aus dem Rom. Nil. abgeleitet, dessen Anordnung sie genau bewahren. Die Fabel, die der 9. Bs. entspricht, hat folgende Moral (Herv. II 489.)

> *Sic fraudantur cupidi totum cupientes,*
> *Cum magis sunt divites, magis sunt egentes,*
> *Nec sibi nec aliis sunt sufficientes.*
> *Dum totum cupiunt, toto sunt iure carentes.*

Während hier die Verse Bs. denen des An. Nev. gegenüber gestellt, fast wie eine Uebersetzung klingen:

> 9,25 der sicher durch unsicherheit
> lât, daz wirt im dicke leit.
> wer minnet, daz sin nicht enist,
> vil licht des sinen im gebrist.

An. Nev. V, 5 *Non igitur debent pro vanis certa relinqui*
Non sua quis avet, mox caret ipse suis.

B. 19, 11 als einem löwen (der was alt,
an tugenden und an kreften kalt)

entspricht fast wörtlich An. Nev. XVI, 2 *inglaciat corpus corque senile gelu;* wo die Fab. rythm. folgenden Vers haben:

*) Die von Hervieux außerdem noch veröffentlichten Romuli von Bern, Oxford und der des Vincenz von Beauvais sind nur Auszüge aus einem Rom. (G. Paris) und können daher ganz übergangen werden.

**) Den An. Nev. hält Mall für einen Engländer. Zs. f. rom Ph. IX, 172 Anm. 1. u. 202. Marie de France lebt in England und benutzt ein englisches Werk (vgl. Mall). Die sog. Fabulae rythmicae sind nur in zwei engl. Hss. überliefert).

(Herv. II 446) *Leo ductus senio morbo languescebat.*
Auch inhaltlich ist diese Fabel von dem Verf. der Fab. rythm.
anders erzählt. Bei ihm erscheint nach dem Eber und Stier, die
den kranken Löwen beleidigen, nicht, wie in der gewöhnlichen
Überlieferung, der auch B. folgt, der Esel, sondern das Schaf.
Ferner fehlt Rom. I, 10 — An. Nev. X — B 13 beim Rom. Nil.
und daher auch in den Fab. ryth. Die drei letzten Fabeln, die
das Eigentum des lat. Dichters sind, finden sich auch bei B. nicht.
Das französische Werk der Marie de France war Vorlage für
zwei lat. Bearbeitungen, den sog. Rom. Roberti (hsg. v. Robert;
Herv. nennt ihn Rom. de M. de France) und eine Sammlung, die
man nach dem Vorgange v. Mall mit den Buchstaben der Haupt-
hss. L B G bezeichnet (Herv.: Dérivé lat. du Rom. de M. de Fr.
Österley: Erweiterter Rom.)

Der **Rom. Roberti** (Mall) hat seine vier ersten Fabeln irgend
einer Rom.-rezension entnommen. Die 18 übrigen sind Übersetzungen
der Fabeln der Marie de France. Nur zwei von diesen Stoffen
finden sich auch bei B.

Rom. Rob. 16 (Herv. II 492): De **ape** et musca = B. 41
„Von einer vliegen und einer **anbeizen**" und Rom. Rob. 17 (Herv.
II, 492). „De corvo et vulpe". Bei B. (18) muss der Fuchs den
Raben erst noch bitten, seine Stimme ertönen zu lassen; beim
Rom. Rob. thut er es von selbst und wird noch obendrein vom
Fuchs verhöhnt. Ebensowenig wie der Rom. Roberti kann **L B G**
die Quelle Bs. gewesen sein. Auch diese Sammlung geht direkt
auf Marie de Fr. zurück (hsg. v. Herv. II 498). L B G hat ebenfalls
in der B. 41 entsprechenden Fabel (No. 64 Herv. II 543) die Biene.
Auch in der Fabel vom Raben und Fuchs weicht L B G ebenso
von B. ab wie der Rom. Rob. Daß L B G Bs. Quelle nicht gewesen sein kann, ergiebt sich auch aus folgendem: B. 10 besteht
eigentlich aus zwei Fabeln: der von der Hochzeit des Diebes, in
die die Fabel von der Sonne, die sich verheiraten will, eingeschoben
ist. L B G hat aber die erste Fabel gar nicht (No. 8 Herv. II 503).

Zwei Sammlungen, in denen die äsopischen Fabeln mit Erzählungen der Tiersage gemischt sind, hat Hervieux unter dem
Titel: **Münchener und Berner Rom.** veröffentlicht (II 714 u.
II 742). Die Romulusfabeln dieser Sammlungen können ebensowenig
wie die der oben besprochenen Romuli für unseren Dichter in
Betracht kommen. Die Stoffe anderer Herkunft, die sie enthalten,
haben bei B. nichts Entsprechendes.

Aus chronologischen Gründen ist auszuschließen die Sammlung, die Hervieux unter dem Namen des **Joh. v. Sheppei** (Bischof v. Rochester 1352—60) herausgegeben hat (II 756). Eine ganz einsame Stellung in der Fabellitt. des M.-As. nimmt der in Distichen abgefaßte Novus Aesopus des **Alexander Neckam** ein (lebte 1157—1217 Crane p. XCIII). Herlet (Diss. p. 91) kommt bei der Besprechung der Quellen dieses Werkes zu dem Resultat, daß keine der bekannten Sammlungen als Quelle bezeichnet werden könne. Herlet hat (p. 73) eine Reihe von Zügen zusammengestellt, die sich nur bei N. finden. Wenn B. ihn also benutzt hat, muß es sich grade an diesen Stellen zeigen. Neckam beseitigt in der 5. Fabel (Herv. II, 789) von dem Esel, der ebenso wie das Hündlein den Herrn liebkosen will, den Monolog, in dem sich der Esel zu seinem Vorgehen entschließt. Ebenso hat er den Zug weggelassen, daß die Diener den lästigen Esel zurücktreiben. B. 20 hat beide Züge bewahrt. Die alte Fabel von dem Magen und den Gliedern (37. Herv. II, 807. B. 60), die sonst überall und auch bei B. denselben tragischen Ausgang hat, ändert N. dadurch, daß er die beiden Parteien schließlich wieder zur Vernunft führt. Da sich unter den Fabeln, die Neckam eigentümlich sind, keine findet, die B. behandelt hätte, so kann man nur schließen, daß er Neckam nicht benutzt hat.

Ebenso unsicher ist im Ganzen — trotz der dankenswerten Nachweisungen Voigts (Zs. f. d. A. XXIII) — die Beantwortung der Frage nach den Quellen **Odos de Ceritonia** (2. Hälfte des 12. Jhs.). Das ganze Material, das in den Hss. diesem Schriftsteller zugeschrieben wird, hat Hervieux (II 587 ff.) veröffentlicht. Die Sammlung Odos ist ein Gemisch von ächten Tierfabeln, moralisierten Novellen, Allegorien und Ähnlichem. Für mehrere Fabeln Bs. die weder zur Aesop — noch zur Aviangruppe gehören, finden sich Parallelen bei Odo. Wir werden sie später zu besprechen haben. Als den Aesop Bs. können wir das Werk Odos jedenfalls nicht ansehen, da Odo nur eine sehr kleine Zahl der von B. behandelten Stoffe hat und noch dazu in stark verkürzter Fassung.

Non den bis jetzt bekannten Aesopen des M.-As. bleibt nun noch der An. Nev. und ein Prosaauszug aus ihm. Dieser **Prosaauszug** (Herv. II, 427) hat den Text des An. Nev. stark verkürzt, zum Schluß aber meist das Moraldistichon des An. Nev. unverändert beibehalten. Nur 28 Fabeln des An. Nev. sind bearbeitet: An. Nev. 1—48 außer No. 7, 14, 25, 28, 30, 32—46; 47 u. 48

des An. Nev. sind umgestellt. B. hat die von dem lat. Bearbeiter ausgelassenen Fabeln außer No. 38 sämtlich, u. No. 47 u. 48 des An. Nev. finden sich bei ihm in derselben Ordnung wie im Original. Auch dieses Werk kann der deutsche Dichter nicht benutzt haben. Nachdem wir nun so die bekannten lat. Aesope des M.-As. durchmustert haben (mit Ausnahme des An. Nev.), können wir unser Urteil dahin zusammenfassen, daß keiner von ihnen der Aesop Bs. gewesen sein kann. *)

β. Der Anonymus Neveleti.

Die Fabelsammlung, die man nach dem, der sie zuerst zu wissenschaftlichen Zwecken herausgegeben hat, den Anonymus des Nevelet (Mythologia Aesopica Frankfurt 1610) nennt, ist zum 1. Male kritisch herausgegeben worden von W. Förster (Anhang zur Ausg. des Lyoner Yzopet 1882). Die neue Ausg. bei Hervieux ist der Försters gegenüber wertlos. Der Verfasser kann nach Förster (p. XXII) spätestens im 12. Jh. gelebt haben. Der terminus ante quem ist 1209, wo das Werk Odos, der ihn zitiert, abgeschlossen war (vgl. Voigt: Kl. Denkm. der Tiersage Q. u. F. XXV. p. 48 ff.). Wie Lessing gezeigt hat, ist der An. Nev. eine Versifizierung der drei ersten Bücher des Romulus. Er ist in Distichen abgefaßt. **)

---

*) Aus der 2. Auflage von Hervieux 1893 sind noch folgende hier neu veröffentlichten Werke nachzutragen:
1.) Der **Rom. einer Florentiner Hs.** des 13. Jhs. (I² 699 — Text II² 474), der nur sehr wenig von der gewöhnlichen Romulusredaktion abweicht.
2.) Eine **hexametrische Bearbeitung des Rom. Nil.** (Hs. des 11. oder 12. Jhs. — I² 801 — Text II² 653), die ebensowenig wie das Original für B. in Betracht kommen kann.
Eine von Hervieux nicht aufgenommene **Romulusbearbeitung** hat Voigt (Mitt. der Ges. f. deutsche Erziehungs- und Schulgesch. IV, 149) aus einer sehr unvollständigen Würzburger Hs. des 11. Jhs. veröffentlicht. Es ist ein Machwerk zu rein didaktischen Zwecken (Jedes Promythium in anderem Versmass!), das zu B. in gar keiner Beziehung steht.

**) Hervieux sucht den Namen des Anonymus zu ermitteln und nennt ihn ohne sicheren Nachweis: Walther von England. — Schon Lessing X, 359 ff. hatte alle vorgeschlagenen Namen verworfen. Mall Zs. f. rom. Ph. IX, 172. Anm. weist die Annahme von Hervieux zurück. Ebenso ist die von Hervieux versuchte Identifizirung des Verfassers mit einem Erzbischof v. Palermo (1170), die übrigens schon J. Grimm (R. Fuchs CCLXX Anm. 1.) vorgeschlagen hatte, von G. Paris (Journal des Savants 1885 p. 39) zurückgewiesen worden.

Das Werk des Anonymus hat trotz — oder grade wegen? — seiner unglaublich gekünstelten, zerhackten und antithesenreichen Darstellung eine sehr große Verbreitung gefunden. Hervieux zählt allein über 80 noch erhaltene Hss. auf. Von allen Aesopen war er unstreitig der beliebteste. Da nun von den erhaltenen Aesopen, wie oben gezeigt ist, außer ihm keiner für B. in Betracht kommen kann, da von den 60 Fabelstoffen des An. Nev. 52 sich auch bei B. finden, so ist es schon deshalb aufs Höchste wahrscheinlich, daß er Bs. Quelle gewesen ist. Jeder Zweifel schwindet aber, wenn man sieht, daß die 62. Fabel Bs., von der wir annehmen mußten, daß sie im Aesop Bs. die Schlußfabel gewesen ist, wirklich die letzte Fabel beim An. Nev. — und nur bei ihm — ist (No. 60 „De cive et equite" = B. 62. Von einem amptman und einem ritter"). Die genaue Vergleichung der Texte des An. Nev. u. Bs. (Gottschick 1. Prog.) hat dargethan, daß auch im Ausdruck im Einzelnen B. sehr stark mit dem An. Nev. übereinstimmt.

Nur der Anonymus des Nevelet kann der Ysopus Bs. gewesen sein.

γ. Die Aesophandschrift Boners.

Um genau feststellen zu können, wie sich ein Schriftsteller zu seiner Quelle verhält, muß man nicht sowohl den benutzten Autor (d. h. die durch die kritische Ausgabe konstruierte Urform des Werkes) selbst kennen, sondern man hat diejenige Fassung des Werkes zu Grunde zu legen, die auch dem Bearbeiter vorgelegen hat, und wenn sie nicht ohne Weiteres bekannt ist, sie zu ermitteln zu suchen. *)

Wir werden diejenige Hs. als die Vorlage unseres Dichters bezeichnen, mit der er auch da übereinstimmt, wo sie von der gewöhnlichen Überlieferung abweicht. Die Merkmale sind die Varianten (im weiteren Sinne). Und zwar kann eine Hs. abweichen

1.) in der Menge des überlieferten Stoffes (Anzahl und Umfang der Fabeln);

2.) in der Anordnung;

3.) in dem Texte (Varianten in engerem Sinn).

Unsere Aufgabe wäre sofort gelöst, wenn sich eine Hs. des An. Nev. fände, die nur die von B. bearbeiteten Fabeln enthielte

---

*) Ein Werk, dessen Quelle unmittelbar gegeben ist, ist z. B. der Lyoner Yzopet, gleichfalls eine Bearbeitung der An. Nev. In der Hs. steht hinter jeder lat. Fabel die afz. Übertragung.

und zwar genau in derselben Reihenfolge und von dem gleichen Inhalt wie bei den Aesop-Fabeln Bs. Leider ist unter den über 80 Hss. des An. Nev., die Hervieux beschreibt, eine solche nicht zu finden. Wir müssen also nach derjenigen suchen, mit der B. die meisten Berührungspunkte hat.

Der Inhalt der Aesophandschrift Boners.

Der An. Nev. schickt seinem Werke eine Vorrede voraus und schließt es mit zwei Versen, die man als Schlußrede ansehen kann. Auch Bs. Edelstein ist mit Prolog und Epilog versehen. Es fragt sich, ob B. auch diese Teile seiner Vorlage benutzt hat, ob auch seine Aesophs. mit **Vor- und Schlufsrede** versehen war. Die Frage ist zu bejahen. B. erklärt in der Vorrede, was ihn zur Abfassung seines Werkes bestimmt habe:

Prol. 48: . . des hât mich ermant
ein wort, daz ich gelesen hân:
„schade und schande ist müezig gân".

Dasselbe erzählt der lat. Dichter von sich:

Prol. 7 : *Ne mihi torpentem sopiret inhercia sensum,*
In quo pervigilet, mens mea movit opus.

Außerdem entsprechen sich noch folgende Verse: An. Nev.

Prol. 12: *Et nucleum celat arida testa bonum.*

B. Epil. 16: ein dürre schal dik in ir treit
ein kernen grôzer süezekeit.

An. Nev. Prol. 3 :
Ortulus iste parit fructum cum flore, favorem
Flos et fructus emunt.

B. Epil. 17: ein kleiner garte dik gebirt
die vrucht, der man getrœstet wirt.

Die Schlußverse des An. Nev. lauten :
Fine sui versus gemino quod cogitat omnis
Fabula declarat datque quot intus habet.

Dieselbe Weisung für den Leser giebt

B. Epil. 1 : Wer die bischaft merken wil,
der setz sich ûf des endes zil,
der nutz lit an dem ende gar
der bischaft, wer sîn nimet war.

B. hat also sowohl die Vorrede wie die Schlußrede seiner Quelle gekannt und benutzt.

Von den 60 ächten Fabeln des An. Nev. finden sich 52 bei B. bearbeitet und zwar An. Nev. 1—37 (1—35 genau in der Reihenfolge des An. Nev. nur 5 u. 6 umgestellt) 39—48, 52, 54, 55, 59 u. 60. B. hat No. 1, 5—41, 44—47, 50—51, 54—57, 59—62 u. 93 des Edelsteins aus dem An. Nev. übertragen.

Diese schon von Lessing aufgestellte Liste ist nun um zwei Nummern zu vermehren, die höchstwahrscheinlich ebenfalls in der Aesophs. Bs. gestanden haben. Es handelt sich um die Parallelen zu B. No. 43 u. 70. Sie finden sich nur in einigen Hss. des An. Nev. und sind jedenfalls nicht von diesem Autor. Robert (Fables inédites II, 12 u. I, 99) hat auf die von ihm zuerst herausgegebenen lat. Fabeln als Parallelen zu B. 43 u. 70 aufmerksam gemacht. (Gottschick 1. Progr. p. 9). Sie sind jetzt auch bei Herv. II 424 u. 5. in der Appendix zum An. Nev. gedruckt. Die Appendix, die Herv. zusammenstellt, besteht aus 14 Fabeln : No. 3—7 finden sich nur in Drucken des An. Nev. Die beiden ersten und die sieben letzten auch in älteren Hss. (Herv. I, 454). Die sieben letzten, worunter die beiden Parallelen zu B., sind in drei Hss. des An. Nev. überliefert (eine ist 1316 datiert). Von diesen Appendixfabeln entspricht No. 10 (bei Herv.) Boner 70 u. No. 11 : B. 43.*)

Für **B. 43** ist bisher keine andere lat. Parallele, die B. benutzt haben könnte, nachgewiesen als diese Fabel. In der 11. Appendixfabel „*De Gallo et Mure*" (Herv. II, 425) ermahnt die alte Maus ihre Tochter, sich nicht zu fürchten vor dem gewappnet einherschreitenden Hahn, um so mehr aber vor der ruhig daliegenden Katze. Die Moral handelt von der Bosheit der Heuchler. Die eigentliche Handlung fehlt gänzlich. Man erwartet zu hören, wie denn die junge Maus diese Lehren befolgt habe. Aber es fehlt jedes Anzeichen dafür, daß die lat. Fabel je diesen Schluß gehabt habe. Der englische Dominikaner Bromyard (2. Hälfte des 14. Jhs.) spielt in seiner Summa predicantium zwei mal auf diese Fabel an (Österley zu Pauli 530 — Gottschick 1. Progr.). Er spricht aber beide Male nur von den Lehren der alten Maus. Er, dessen Werk geradezu ein Sammelbuch der volkstümlichen Erzählungslitt. seiner Zeit genannt werden kann, kennt eine Fortsetzung der Fabel in dem angedeuteten Sinne jedenfalls nicht. Nun sehen wir aber bei

---

*) Schon Gottschick hat (l. Progr. p. 9 u. Zs. f. d. Ph. XI, 332 die von Robert hsg. Fabel als Quelle von B. 43 angenommen. Braune Ausg. des Alberus p. LVI bestreitet, daß sie die unmittelbare Quelle Bs. gewesen sein könne.

B. die Fabel völlig ausgebildet: Die alte Maus ermahnt ihre Kinder, hübsch zu Hause zu bleiben; trotzdem laufen sie fort. Beim Anblick des stolzen Hahnes fliehen sie entsetzt davon, der der sanft schlummernden Katze beunruhigt sie weiter nicht. Erst als sie glücklich wieder zu Hause sind und ihre Erlebnisse erzählt haben, erklärt ihnen die Mutter das wahre Wesen der beiden Tiere. Gewiß recht starke Unterschiede zu der Appendixfabel! Trotzdem aber glaube ich, daß B. hier nicht aus einer Quelle geschöpft hat, die ihm alle Motive, wie sie sich bei ihm finden, bieten konnte; daß er vielmehr hier eine Fassung der Fabel vor sich gehabt hat, die ebenso wie die Appendixfabel damit anfängt, daß die Alte ihr Kind (oder Kinder) über den wahren Charakter der beiden Tiere aufklärt, und daß diese Quelle eben die Appendixfabel gewesen ist. Einige Übereinstimmungen im Ausdruck machen dies schon wahrscheinlich:

App. XI, 1. *Mus genuit murem; dogmatizavit eumdem:*
Filia pulcra mihi, dogmata disce patris.

B. 43,7 Ein mûs mit grôzem vlize zôch
ir kint . . .

11 Si sprach: „nu hœrent miniu kint!

App. XI, 5 *Miles adest, Gallus, armatus cuspide* . .

B. 43, 58 har kam mit grôzem schalle
ein krœnter hêr mit sinen sporn.

App. XI, 6 *orans in cinere palpitat ipse Catus.*

B. 43, 40 dô lag ein katze bi der gluot.

44 dô was vil geislich getân'
ir gebærd und ouch ir schîn.

67 wir sâhen bi dem viure
ein tierlî, was gehiure
ez hâte gar geislichen schîn:
sin houbet ûf die vüeze sîn
hât ez geneiget unde slief.

Beide Dichter reden in der Moral nur von den Heuchlern, die unschuldig thun, innerlich aber voller Tücke sind. (Der Hahn wird für die Moral nicht verwertet). Was mir wahrscheinlich macht, daß Bs. Quelle die Unterweisung der alten Maus in derselben Form hatte wie die Appendixfabel, das ist eine kleine Inkonsequenz seiner Darstellung, die die Benutzung einer anders als er selbst berichtenden Quelle verrät. Bei B. redet die alte Maus ganz allgemein von den Gefahren, die dem Geschlecht der Mäuse drohen, und befiehlt den jungen einfach zu Hause zu bleiben. Trotzdem

gehen sie hinaus. Als die Alte wieder heimkommt, ist ihre erste
Frage 55 „. . . hànt ir min gebot behaltcn?" Die Mäuslein
scheinen aber gar nicht mehr zu wissen, was die Alte eigentlich
geboten hat, und behaupten keck: 56 „jâ wir, samer got" und
erzählen nun ohne Weiteres von ihrer Ausfahrt und ihren Erlebnissen
mit den beiden Tieren, als wenn die Mutter ihnen hierüber An-
weisungen gegeben hätte. Alles erklärt sich einfach, wenn man
annimmt, daß B. im Eingange seiner lat. Fabel gelesen hatte, wie
die Maus ihren Kindern von Hahn und Katze erzählte, und daß
er unter dem Einfluß seiner Quelle die Antwort der Mäuse auf die
Frage der Mutter verfaßte, ohne zu bedenken, daß sie bei seiner
Darstellung gar nicht paßt. Wenn der Beweis ohne Lücke sein
soll, muß auch erklärt werden, weshalb der Dichter wohl geändert
haben mag. B. sah jedenfalls ein, daß die Fabel, wie sie in seiner
Quelle stand, unvollständig war. Es fehlte ihr die eigentliche
Handlung, die Situation, aus der abgeleitet, die Moral viel besser
wirkt, als wenn sie nur aus einer Lehre abgezogen wird.

Nur wenn die Lehre in Handlung umgesetzt wird, wenn die jungen
Mäuse auch wirklich und zwar ohne Kenntnis von dem wahren
Wesen der beiden Tiere mit ihnen zusammentreffen, kommt der
Kontrast, die wahre Pointe der Fabel zum Ausdruck. Wenn
man unserem Dichter dieses Bestreben, die Moral aus der Handlung abzuleiten und die Darstellung der Quelle nötigenfalls in
diesem Sinne zu ändern, zuschreiben darf, erklären sich alle Abweichungen von der Appendixfabel ganz ungesucht. Und es giebt
wirklich einen ganz analogen Fall, wo B. genau wie in No. 43 die
Darstellung der Vorlage erweitert hat; nur daß hier die Quelle
mit Sicherheit bekannt ist. In der 86. Fabel hat B. — wie später
zu zeigen ist — zweifellos die 19. Fabel des originalen Avian benutzt. Avian entwickelt hier einen Kontrast nur aus gesprochenen
Worten wie der Verf. der Appendixfabel, nicht aus einer Handlung
wie B. 48. Die stolze Tanne verhöhnt das niedrige Dorngestrüpp.
Der Dorn aber erwidert: „Wie gerne wolltest du ein kleiner Dorn-
strauch sein, wenn einst der Holzhauer kommt, um dich zu
fällen." Soweit Avian.

Das genügt aber unserem Dichter nicht. Er läßt diese
Drohung wirklich in Erfüllung gehen. Kaum hatte der Dorn so
gesprochen, da kam auch schon der Holzhauer und fällte die Tanne.

86: sus verlôr diu tanne gar
ir schœni und ir grüenez hâr.

Damit ist — meines Ermessens — das letzte Bedenken gegen die Annahme, daß B. diese Appendixfabel als Quelle benutzt habe, beseitigt.

Zu **B. 70** (Wer soll der Katze die Schelle anhängen?) liegen 4 parallele Bearbeitungen vor.*) Die Fabel findet sich bei Odo de Ceritonia, in der Appendix zum An. Nev., im Diologus creaturarum, einer Sammlung aus der Mitte des 14. Jhs., in den Contes des Nicole Bozon und in der Summa predicantium des obengenannten Joh. Bromyard. Die Fassung Bozons, d. h. seine lat. Quelle kann nicht in Betracht kommen, da bei ihm die Episode von der alten Maus (B 70, 32) fehlt. Die Fabel des Dial-Creat. ist zu kurz und weicht auch im Einzelnen von B. ab. Gottschick (1. Progr. p. 10) u. Herlet (Progr. p. 48) haben die Appendixfabel als Quelle Bs. angenommen. Mit ihr steht Bromyard in engster Beziehung, der aber auch aus chronologischen Gründen für B. nicht mehr in Betracht kommen kann. Gottschick dagegen (Zs. f. d. Ph. XI, 330) hat sich später für die Fabel Odos erklärt. Sehen wir zu, wie sich B. zu Odo und der Appendixfabel verhält. B. beginnt mit der Schilderung des unglücklichen Krieges der Mäuse mit der Katze. Keine der beiden lat. Quellen (App. An. Nev. X bei Herv. II 424 — Odo 82 Herv. II, 633) hat davon ein Wort. Beide fangen mit der Ratsversammlung der Mäuse an. Odo bringt dann sogleich den Vorschlag, der sofort angenommen wird : „et ait quaedam sapientior ceteris : *Ligetur campana in collo cati"*. Der Rat geht also nur von einer Maus aus. B. aber erzählt, daß „man" erst nach langer Beratung in diesem Beschlusse übereingekommen sei. Ebenso wird in der Appendixfabel erst, nachdem gegen die Katze Beschwerde geführt ist, der Beschluß gefaßt:

B. 70, 25 : ze jungest kàmens über ein
mit **gemeinem** ràte, daz ir ein
sölt der katzen henken an
ein schallen . . . . .
. . . . einzeklich dur daz,
daz si sich möchtin deste baz
gehüeten vor der katzen list.

App. 10, 5 : **Omnes** conveniunt : detur campanula furi.
Sic improvisus non erit interitus.

---

*) Die genauere Angabe der Stellen, und derer, die auf sie zuerst aufmerksam gemacht haben, s. im Schlußteil unter No. 70.)

Bei Odo aber wird dieser Plan nicht als das Ergebnis der gemeinsamen Beratung, sondern als der Vorschlag einer Maus bezeichnet. — Wer aber soll die Schelle anhängen?

B. 70, 32: dô antwurt in derselben vrist
ein **altiu** mûs, und sprach alsô.

App. 10, 9: „*Ecce vetusta sagax.*" *)
Bei Odo ganz allgemein: „*et ait una.*"
Der Schluß lautet bei

B. 70. 44: Enkein mûs wolt sich selber geben
an den tôt. ân ende stât
und **âne nutz** der miuse rât.

App. 10, 16: *Non est quae faciat praemeditata sagax.*
Nil prodesset enim sensata condere iura
Constanti vultu ni tueretur ea.

Bei Odo ein ganz anderer Schluß: „*Respondit una Mus: Certe non ego, Respondit alia: Certe non ego audeo pro toto mundo ipsum catum appropinquare.*"

B. steht in allen diesen Zügen der Fassung der Appendix-fabel näher als dem Texte Odos. Wo er von ihr abweicht, konnte ihm auch Odo nichts Entsprechendes bieten.

Beide lat. Fabeln, die die Quellen zu B. 43 u. 70 gewesen zu sein scheinen, finden sich in dieser Form nur in Hss. des An. Nev. und zwar hinter den ächten Fabeln dieses Dichters. Wir dürfen also annehmen, daß auch Bs. Aesophs. diese beiden Texte enthielt. **)

Nach der Hssenbeschreibung von Hervieux (I. 475, 523, 531) finden sich diese beiden Fabeln nur in drei Hss. des An. Nev.: Pariser Cod. saec. 14., Londoner datiert 1316 u. Brüsseler saec. 15. Zur Zeit, als B. dichtete, lagen jene beiden Fabeln schon hand-

---

*) Hierauf hat Herlet Progr. p. 48 schon aufmerksam gemacht.

) B. hat sie in seinem Edelstein an weit entfernten Stellen ein-gereiht. Er verfährt nämlich bei der Anordnung der Fabeln oft nach dem Prinzip, zwei Fabeln mit entsprechenden Zügen nebeneinander zu stellen. No. 69 „Von einem hunde der truog ein **schellen" aus Avian und No. 70 „Von einer katzen, von miusen und von einer **schellen.**"
No. 44 handelt von der vledermûs, (v. 53 einfach mûs genannt) aus dem An. Nev. No. 43 „Von einer miuse und iren kinden" aus der App. An. Nev (vgl. Gottschick 2. Progr. p. 12 u. 17.)

schriftlich vor. Mit dieser Gruppe von Hss. teilt B. noch eine Eigentümlichkeit. Er hat einige Fabeln des An. Nev. nicht übertragen, die auch in diesen Hss. fehlen. B. läßt z. B aus An. Nev.: 49—51; diese drei Hss. haben hier 48—50 ausgelassen. (Doch fehlt bei ihnen auch die 60. Fabel, die B. bearbeitet hat.) Noch ein dritter Punkt ist zu beachten: alle drei Hss. haben hinter dem Text des An. Nev. den des Avian. Für die übrigen Fabeln des An. Nev., die B. nicht bearbeitet hat, kann man sich auf keine Hs. des Originals berufen. Man wird annehmen müssen, daß der deutsche Dichter mit Absicht ausgelassen hat.

Fassen wir das Ergebnis zusammen: Bs. Aesop war sowohl mit Vorrede wie mit Schlußrede versehen und enthielt außerdem noch eine Appendix von mindestens zwei lat. Fabeln im Metrum des Originals. Vielleicht waren schon einzelne Fabeln des ächten Teiles ausgefallen, für die sich auch bei B. keine Parallelen finden. Da B. in der

Anordnung der Fabeln,

wie schon bemerkt worden ist, sehr selbständig vorgegangen ist, wird sich daraus wenig für die Ermittelung der von ihm benutzten Hs. ergeben und nur Negatives: man wird diejenigen Hss. ausschließen müssen, die da umgestellt haben, wo B. die Anordnung der übrigen Hss. bewahrt hat. So hat der Cod. Duacensis (Schönbach Zs. f. d. Ph. VI, 290) An. Nev. 41 vor 39 gestellt. Aus demselben Grunde ist der Cod. Vindob. 303 (vergl. Ausg. v. Förster) auszuschließen, da er No. 40 hinter 50 stellt. Es wäre doch höchst sonderbar, wenn B. hier selbständig die Ordnung des Originals hätte wiederfinden können. Dasselbe gilt für den Cod. Palat. des Vatikan (Herv. I 559), da er No. 36 u. 37 umstellt. Schönbach (a. a. O.) wollte schließen, daß B. eine Hs. von der Klasse des Cod. Haenelii benutzt habe. Er stellt in einer Tabelle die Anordnung der Fabeln in den Cod. Haenelii, Duac., Vind., Palat, (nach der Editio Bipontina des Phädrus) fest und konstatiert daraus, daß B. hier in der Anordnung nur zum Cod. Haen. stimmt, Aber hier weichen allein diese übrigen Hss. ab, während der Cod. Haenelii hier nur der gewöhnlichen Überlieferung folgt, wie man aus der Tabelle bei Förster (p. XVI) ersieht. Die Umstellungen, die B. vorgenommen hat, finden sich in keiner Hs. des An. Nev. Auch hier muß man also annehmen, daß B. selbständig vorgegangen ist. (Es entspricht

B. 8, 9; An. Nev. 6, 5; B. 44, 45; An. Nev. 44, 39; B. 60, 61;
An. Nev. 55, 59 u. B. 93, An. Nev. 52).

Es ist zu vermuten, daß sich aus der Vergleichung des Textes
der Fabeln Bs. und der

Varianten der Hss. des An. Nev.

sicherere Schlüsse auf die Aesophs. Bs. ziehen lassen werden.
Über jeder Fabel Bs. stehen **zwei Überschriften**: eine,
die sich auf den erzählenden Teil bezieht, und eine zweite, die die
Moral andeutet. Z. B. 33: „Von einer geize und einem wolfe"
„Von kinden gehorsàmi." Es ist keine Hs. des An. Nev. bekannt, die Überschriften
hätte, ähnlich denen, die B. an zweiter Stelle hat. Die Hss. haben
nur solche der ersten Art. Sie weichen hier sehr von einander
ab, besonders in der Stellung der beiden Substantive, aus denen
sich die Überss. meist zusammensetzen. In einer Reihe von Fällen
stimmt B. zu keiner der lat. Fassungen, sondern scheint geändert
zu haben, z. B.: B. 13 = An. Nev. 10; „Von einem slangen in
dem hûse gespiset", wo keine der lat. Hss. etwas Ähnliches hat.
In zwölf Fällen stimmt B. nur mit einer Hs. überein.*)

Diese Fälle verteilen sich folgendermaßen: 1 $\times$ Pal. (B. 89);
2 $\times$ Vindob. 12, 16); 4 $\times$ Guelferbit. (15, 24, 33, 47) und 5 $\times$
Lugdunensis 10, 22, 35, 38, 45). Daraus kann natürlich nichts für
eine von diesen Hss. geschlossen werden. Zudem kann der Lugd.
(L. Förster) selber nicht in Betracht kommen, da er in der Übers.
zu 31 = B. 35: *De lupo, ove et corvo* verschrieben hat (für *cervo*).
Dieser Fehler ist in der ganzen Fabel konsequent durchgeführt.
Der mit dieser Hs. verbundene Lyoner Yzopet übersetzt danach
stets getreulich „corbcal". Trotz dieses Schreibfehlers ist diese
Übers. zu denen gezählt, mit denen B. übereinstimmt, während die
andern Hss. abweichen. Der Fehler schließt nur *L* aus, nicht die
Klasse *I*. Ferner stimmt allein diese Hs. zu B. in der relativischen
Bildung der Überss. B. 10 = „Von einem diebe der kam zuo der ê"
= L. „*De fure qui ducit uxorem.*" Ebenso B. 22 u. 38.

Schon von **Schönbach** (Zs. f. d. Ph. VI, 289) ist ein Versuch gemacht worden, aus den Varianten der Hss. des An. Nev.

---

*) Varianten bei Förster; die Überss. des Cod. Pal. in den Anm.
von Pfeiffer Ausg. Bs. nach dem Texte Nevelets. Hervieux scheint, soweit
ich vergleichen konnte, nur den Text des Nevelet wieder abgedruckt zu
haben.

die Aesophs. Bs. zu ermitteln. Er konnte seine Untersuchung nur
auf vier Hss. ausdehnen: den Cod. Pal. (in der Editio Bipontina des
Phädrus), Duacensis und Cod. Haenelii (in der Ausg. des Phädrus
von Dreßler) und den Vindob., den er selber —. aber nicht vollständig — kollationiert hatte. Dazu können jetzt noch bei Förster
verglichen werden: Parisinus 1 und 2, Guelferb., Lugdun. 1 (L)
und 2 (Λ) nnd Vindob. (vollständig). Aus der Anordnung der
Fabeln hatte Schönbach auf Benutzung des Cod. Haen. schließen
wollen. Aber, wie bei Förster jetzt zu ersehen ist, folgt diese Hs.
hierin nur der gewöhnlichen Überlieferung. Dagegen schienen ihm
die Textvarianten für eine Hs. zu sprechen, „welche der Heidel-
berger sehr nahe stand." Von seinen Belegen für diese Vermutung ist der: An. Nev. 25, 4 (Fabel: „*Parturiunt montes*" u. s. w.)
zu streichen. Die Hss. haben hier nach Förster p. 110 folgende
Lesarten:

Par. 1 und 2:   *Horrent et trepidant.*
Guelf.:   *Hic fugiunt homines.*
Vind. :   *Hinc trepidant*   „
Palat :   *Vicini*   „   —
Duac. u. Haen.:   *Ducenti*   „   *)
Lugd. 1 :   *Cuncti iam trepidant*
„   2 :   *Sic homines*   „

Boner hat hier 29, 5:
> des scherhûfen nam menlich war:
> man und vrouwen kàmen dar.

Gar keine Beweiskraft im Sinne Schönbachs kann ich folgenden
Stellen beimessen: 1.) An. Nev. 2, 11 (Lamm und Wolf)
> *fecit idem pater ante tuus sex mensibus actis.***)

Der Cod. Pal. hat hier . . . *sed mensibus actis.* Und danach
sollte B. sieben Jahre eingesetzt haben? B. 5, 23
> vor siben jàren daz beschach.

2.) In der zehnten Fabel des An. Nev. hat der Palat. (aber
auch der Vindob. Förster p. 100) nach dem vierten Vers noch
folgendes Distichon eingeschoben:
> *Ver redit, imber abit, aestas cum sole tepescit.*
> *Sic importunus fit magis atque magis.*

---

*) Nach Schönbach „alle Hss.", d. h. alle, die er außer dem Palat.
noch kennt scl: Duac, Haen.

**) „mensibus" bei Schönbach wohl nur aus Versehen ausgelassen.
Der Hexameter wäre sonst unvollständig.

Diese beiden Verse soll B. am Eingang seiner dreizehnten Fabel benutzt haben. Boner spricht hier von der Weisheit Gottes, die sich im Wechsel der Jahreszeiten (Sommer, Herbst und Winter) offenbart. Dieser Gedanke liegt in den beiden lat. Versen jedenfalls nicht. Die beiden ersten ächten Verse des An. Nev. zeigen, daß es gar nicht der eingeschobenen bedurfte, um von den Jahreszeiten zu reden. Sie lauten:

Dum nive candet humus, glacies dum sopit aquarum
Cursus, in colubrum turbida sevit hyemps.

3.) Auch die Variante An. Nev. 30, 1 findet sich im Vindob. Sie kann weder für den Palat. allein, noch überhaupt etwas beweisen. Von den übrigen Stellen, die Schönbach noch anführt, finden sich die von ihm nur für den Palat. in Anspruch genommenen Varianten auch in anderen Hss.: An. Nev. 2, 2 noch im L; 13, 7 im Cod. Haen. von späterer Hand; 41, 10 in L und *A*; 20, 4 und 59, 11 in der Mehrzahl und 45, 5 in allen von Förster benutzten Hss.

Nur die Variante zu 54, 1, wo die gewöhnliche Lesart ist: *... Lupus inquit: Amoena Pelle nites ...*, während der Pal. liest: „**Amice**, *pelle nites*", könnte für den Pal. geltend gemacht werden, da B. schreibt: 59, 9

„sag an, **trûtgeselle** min,
waz meinet dîner hiute schîn?"

Aber könnte der deutsche Dichter denn nicht einmal ein „trût-geselle min" in der Anrede selbständig einschieben?

Zum Schlusse führt Schönbach noch ein Citat vor, das für den Vindob. sprechen könnte: An. Nev. 10, 2. Aber auch *A* (Lugd. 2) hat dieselbe Lesart.

Bei der Vergleichung des von Förster zusammengestellten Variantenapparats mit dem Texte Bs. sind mir folgende Stellen aufgefallen:

An. Nev. 1, 8 (Der Hahn spricht zu dem gefundenen Edelstein):
Nec mihi tu prodes, plus amo cara minus
L. „   „   „   „   „   **grana** *nimis*
A. „   „   „   „   **grana**   *mihi placent*
B. 1, 12: mich nuzte baz ein **gerstenkorn.**

An. Nev. 35, 11:
Qui plus posse putat sua quam natura ministrat
L.: „   „   „   **petit**   „   „   „   „
B. 39, 35: daz er von tôrheit des **begert,**
des sin natùr in nicht gewert.

An. Nev. 46, 16:

Vir favet, antra petit . . .

L.:   „   „   *arma*   „

B. 55, 41: ein **spiez** nam er in sine hant.

An. Nev. 47, 8 (Der verfolgte Hirsch):

Crure neci raptum cornua longa necant

L.:   *Crura iuvant, sed cum* „   „   „

B 56, 33: **ze statten kâmen im sîn bein,**

sinr hornen helfe diu was klein.

An. Nev. 59, 16:

Ridet et a risu vix vacat ille suo

L.:   „   „ „   „   *non*   „   „   „

B. 61, 49: vil sêr er lachen began,

des mocht er sich **nicht** über hân.

An der ersten der hier zitierten Stellen könnte auch A, das übrigens mit L nahe verwandt ist, in Betracht kommen. Die übrigen Varianten aber, zu denen B. mehr oder minder genau stimmt, finden sich allein in L.*)

Zur höchsten Wahrscheinlichkeit wird die Annahme erhoben, daß B. eine Hs. der Klasse L. benutzt hat, durch eine ergötzliche Verschreibung, die unseren Dichter zu einer seltsamen Erfindung verleitet hat.

Die 24. Fabel Bs. hebt also an:

In Asià dà was ein lant,

daz was **Atricâ** genant.

Nach dieser Landschaft Asiens würden wir auf der Karte vergeblich suchen. Schlagen wir die entsprechende Fabel des An. Nev. nach, so lesen wir als Überschrift (21 a) „*Qualiter Attici elegerunt sibi regem*" und in Vers 4: „*attica terra*". B. hat aber Atrici — Atrica gelesen.**)

Da nun unserem Dichter ein Land des Namens Atrica, wie er offenbar las, nicht bekannt war, setzt er es nach Asien. Die einzige Hs. des An. Nev., die diese Verschreibung ebenfalls hat,

---

*) Alle anderen Varianten, die auch noch andere Hss. als L. haben, sind unberücksichtigt geblieben.

**) Die Varianten der Hss. Bs. *aterca*, *attrisca* lassen keinen Zweifel darüber, daß Pfeiffer das Richtige in den Text gesetzt hat. Benecke hatte unbedenklich, und ohne ein Wort darüber zu verlieren, „*Attica*" eingesetzt, das in keiner Hs. Bs. steht. Attica nach Asien zu verlegen, hätte wohl auch Boner nicht gewagt.

ist wiederum L. Diese Hs. liest in der Überschrift (Förster p. 107) „*Qualiter Atrici* . . .“ In Zeile 4: „*antica terra*“. Ich erkläre mir die verschiedenen Verschreibungen derselben Hs. so: Die richtige Lesart atrici konnte sehr leicht zu atrici verschrieben werden (einfach durch Verdickung der Ligatur des zweiten *t* mit dem folgenden *i*). So muß B. in seiner Hs. beide Male *atrici* bezw. *atrica* gelesen haben. In der Vorlage von L. war wohl das *r* beide male durch den *r*-Haken wiedergegeben: *at'ici*, was L das erste Mal richtig *atrici* schrieb. Das zweite Mal war der Haken wohl etwas wagrecht und nach vorn gesetzt: *ātica*, so daß hier *antica* aufgelöst werden konnte. Diese verschiedenen Schreibungen lassen sich aber nur durch die Annahme erklären, daß die Hs. Boners, wie die Vorlage von L. *tt* in *tr* verschrieben hatten. Die einzige bekannte Hs., des An. Nev., die diese Verschreibung aufweist, ist L.

Wenn man dieses Zusammentreffen mit dem verbindet, was oben aus den übrigen Varianten für L. geltend gemacht wurde, so wird die Annahme gerechtfertigt erscheinen, daß Bs. Aesophs. zur Klasse von L. gehörte, ja mit dieser Hs. aufs nächste verwandt war. *)

Was können wir also im Ganzen von der Aesophs. unseres Dichters sagen?

Nicht besonders viel, aber das mit einiger Sicherheit: Sie war mit Pro- und Epilog versehen und enthielt außer den ächten Anonymusfabeln mindestens noch zwei Appendixstücke. Sie gehörte zu der Klasse, die durch die erste Lyoner Hs. vertreten ist.

Wenn man untersuchen will, wie weit B. von seiner Quelle abhängig ist, wird man (mit Ausnahme von Verschreibungen wie *corvus* für *cervus* vgl. oben) die Hs. L. zu Grunde zu legen haben.

B. Die Aviangruppe.

B. schreibt 63, 1:

„Ein wolf eis måls hungren began,
als man list in dem Aviân.“

Nach diesem Schriftsteller brauchen wir nicht so lange zu suchen, wie nach dem Aesop Bs. Zwar entging auch Avians Werk nicht ganz dem Schicksal der Fabelsammlung des Phaedrus, in Prosa umgesetzt und umgearbeitet zu werden. Aber während

---

*) Nach **Förster** p. I gehört sie spätestens dem Anfang des 14., eher dem Ende des 13. Jhs. an.

das Originalwerk des Phaedrus im M.-A. gänzlich verschollen ist, erfreuten sich Avians Fabeln stets einer größeren Beliebtheit und Verbreitung als die seiner Bearbeiter. Da aber auch die Bearbeiter ihren Machwerken die Überschrift „Avianus" gaben, bedarf es erst der Untersuchung, ob B. wirklich den originalen Avian oder eine Bearbeitung unter diesem Titel benutzt hat. Als Lessing seine Untersuchungen über die Quellen Bs. anstellte, konnte für ihn nur das Originalwerk in Betracht kommen. Hervieux hat im 3. Bande seines Werkes (1894) eine Reihe von teilweise bisher unbekannten Avianbearbeitungen veröffentlicht, die wir nun besprechen wollen.

a. Die Avianbearbeitungen.

1862 hat Fröhner in seiner Avianausgabe die sog. **Apologi Aviani** mit veröffentlicht, die nur ein Prosaauszug aus Avian sind. Es lag nahe zu untersuchen, ob B. nicht etwa statt des Originals diesen Auszug benutzt habe. Schönbach hat sich (Zs. f. d. Ph. VI, 274) dieser Mühe unterzogen. Er ist zu dem Ergebnis gekommen, daß B. nicht den reinen Text des Avian benutzt habe, sondern eine Prosaauflösung von der Art dieser Apologi, „welche aber in der Verkürzung noch nicht so weit gegangen war." Obschon nun Gottschick (Zs. f. d. Ph. VII, 237 u. 2. Progr. p. 25) die Widerlegung dieser Behauptung m. E. ganz richtig durchgeführt hat, müssen wir doch noch einmal auf diese Frage eingehen, da erst jetzt das Material zur Entscheidung in wünschenswerter Vollständigkeit vorliegt (Hervieux III: *Avianus et ses anciens imitateurs).* Die Apologi sind erhalten in zwei Pariser Hss völlig gleichen Inhalts aus dem 14. Jh. (Herv. III, 172 ff.) Der Bearbeiter hat einen kurzen Prosaauszug der 42 Fabeln Avians geliefert und meist die Pro- und Epimythien seiner Avianhs. zugefügt. Vier Fabeln hat er in ihrer originalen Gestalt gelassen.

Nur an zwei Stellen scheint B. wirklich den Apologi näher zu stehen als dem originalen Avian.

1.) B. 64 : „Von einem sneggen und einem arn" = Avian 2, Apologi 2 „*De testudine et aquila".**)

---

*) Schönbach bemerkt, Zs. f. d. Ph. VI, 274 Anm.: „Es ist kaum anzunehmen, daß hier und in der 17. Fabel eine Schildkröte von B. gemeint sei." Gewiß nicht! aber umgekehrt, daß im M.-A. unter **testudo** eine Schnecke verstanden wurde. Schon Herlet (Rom. Forsch. IV, 227) hatte sich mit der Bedeutung des Wortes *testudo* beschäftigt. Er sagt: „Der eigentümliche Umstand, daß eine ganze Reihe von Bearbeitern sich grade

Boner und die Apologi lassen die Schnecke, die vom Adler
das Fliegen gelehrt werden wollte, zerschmettert werden.

B. 64, 32: dô liez in vallen der adlar

har nider, daz sin hûs zerbrach.

Apol. 2 (Herv. III, 354) „*[aquila]* eam (scl. *testudinem) cadere
super rupem permisit, et confracta periit tabescendo.*" Hier ist
B. allerdings nicht der Lesart der meisten Avianhss. gefolgt, die
die *testudo* durch die Krallen des Adlers umkommen lassen. Muß
er deshalb aber den Apologi oder einem derartigen Auszug gefolgt
sein? Wir werden unten die Frage anders zu lösen suchen.
Gottschick hat (Zs. f. d. Ph. VII, 237) auf eine Reihe von Zügen
aufmerksam gemacht, in denen B. auch in dieser Fabel mit dem
originalen Avian, nicht aber mit den Apologi übereinstimmt.

bei diesem Worte die gröbsten Irrtümer haben zu Schulden kommen
lassen, fordert zur Erklärung auf." Er findet sie darin, daß Romulus
„*cornea domo*" (Phädrus II, 6,5) durch „*cornua fracta*" wiedergiebt (Fabel:
„*Aquila et cornix*" Adler kann die Schildkröte nicht öffnen. Übrigens
hat schon die Weißenburger Sammlung, Herv. II, 155 diese Lesart).
Danach habe der An. Nev. 14, 2 der *testudo cornua longa* verliehen und
auch Odo de Ceritonia (Herv. II. 628) und Joh. de Sheppei (Herv. II, 780)
sollen „denselben Irrtum" begangen (sie geben übrigens hier gar nicht
die Fabel des Phädrus wieder) — und ebenfalls sträflicherweise unter
testudo eine Schnecke verstanden haben. Nach Herlet hat also ein kleines
Mißverständnis die Schildkröte mit Attributen versehen, die nur der
Schnecke zukommen, und die andern Bearbeiter sind richtig darauf herein-
gefallen.

· Die Sache liegt viel einfacher: Schlagen wir die im M.-A. benutzten
naturgeschichtlichen Werke nach, so lesen wir unter „*testudo*" z. B. bei
Bartholomaeus Anglicus: *De proprietatibus rerum*" (ca. 1230—50 Franzisk.
Prof. in Paris, sein Werk an Universitäten officiell eingeführt: Dict. of nat.
Biogr. XXI, 409) Ausg. Frankfurt 1601 p. 974 „*testudines quaedam habent
cornua mollia et viscosa . . . quibus testudines, quia debiles sunt, vias sibi
quaerunt, et si qua occurrerint eis dura, statim cornua retrahunt et inter
conchulas se recondunt.*" Eine Zusammenstellung dessen, was mittelalterliche Naturbücher über dieses Tier geschrieben haben, giebt Vincenz
v. Beauvais Spec. naturale XX c. 172, worunter: „*Isidorus . . . Testudinis
quidem plura genera sunt: sed illa que in luto nascitur proprie*test. lutaria
sive limax apellatur: et hoc in genere vermium deputatur. Ex. lib. de
natura rerum: . harum* (scl. *testudinum) alique rubee sunt: alie albe: alie
nigre: alie crocee . hec miro modo ex sputo quod lubricum est et crassum, format
sibi habitaculum ossee vel potius marmorie substantie . . si vero sal super
eam aliquis proiecerit, fere tota liquescit in nihilum. Phisiologus: Limax est
testudo in limo nascens terramque comedit. Quattuor habet cornua sed duo
longiora.*" Die Hörner der *testudo* erwähnt auch Jac. de Vitr. ed Crane

2.) B. 65 = Avian 3, Apologi 3 (Herv. III, 354). Bei Avian wird der junge Krebs von seiner Mutter belehrt *(genetrix)*, in den Apologi von dem Vater *(cancer . . requisitus)*, ebenso bei B. Gottschick hat dagegen geltend gemacht, daß B. sich überhaupt „nicht so eng an seine Quelle anschließe, daß er nicht einmal statt des Femininum das Masc. setzen könnte." Ein ganz analoger Fall liegt in der 73. Fabel vor. Avian: *ursa*, B.: „Von zweien gesellen und einem bern." Hier konnte er den Apologi gar nicht folgen, da sie hier einen Löwen haben. Dagegen hat G. eine Reihe von Punkten aufgezählt, die direkt gegen die Annahme sprechen, daß B. die Apologi benutzt habe. Das Wichtigste ist, daß B. Moraldisticha benutzt, die sich nur in Avianhss. nicht in denen der Apologi finden. Dazu kommt die oben angegebene Änderung der Apologi (B. 73: Bär = Avian: *ursa*, Apol.: *leo)*. Aber Schönbach hat auch nicht beweisen wollen, daß B. eben diese Apologi benutzt habe. Jedenfalls soll eine derartige Bearbeitung

No. 12 (der Hsg. übersetzt *testudo* trotzdem mit *tortoise*) und Nicole Bozon No. 121 „*Le nature del limaceoñ si est tiel . .*", was der mittelalterliche Übersetzer mit: „*Natura testudinis est*" wiedergiebt; das Auflösen durch Salz: *Lumen anime* Tit. XXIII N. vgl. auch Tit. XIIII. A. Der Verfasser der rhythm. Moralisationen zu Avian (Herv. III, 480) nennt die test. der zweiten Avianfabel einfach *limax*, der Verfasser des Lyoner Yzopet giebt in der Phädrusfabel *test.* durch *limace* wieder: L B G gebraucht an derselben Stelle *limax* und *testudo* für dasselbe Tier. Das mhd. Naturbuch des Konr. v. Meggenberg (ed. Pfeiffer 1861) schreibt (p. 308 No. 25): „Testudo haizt ain sneck gemainleich, ez sei ain wazzersneck oder ain ertsneck . . ." (vgl. auch p. 258 No. 27). Dagegen (p. 283 No. 23) „Tortuca haizt ain tortuk . . . und ist ain tier, hât vier füez als ain krot und haizent ez etleich däutsch läut ain schiltkrot. (Hier und in Seifrieds Alexandreis von 1352 kommt dieser Name zuerst vor.) So geben denn außer Boner auch Gerhard v. Minden (ed. Seelmann No. XII v. 5) und B. Waldis I, 87 das *testudo* ihrer Quellen mit Schnecke wieder, was der Herausgeber des letzteren (Kurz p. XXXVIII) allerdings „unpassend genug" findet. Auch W. Förster (Lyoner Yz. p. 144) erstaunt sich darüber, daß eine *test.* Hörner habe, und Herlet (a. a. O.) wirft den mittelalterlichen Fabulisten „die gröbsten Irrtümer" vor.

Aus den Citaten ergiebt sich: Man hatte im M.-A. besondere Bezeichnungen für Schildkröte und Schnecke: *tortuca* — *limax*. Beide werden als **Schaltiere** unter der höheren Einheit **testudo** zusammengefaßt. Die Schnecke selber wird meist mit dem Gattungsnamen *test.* bezeichnet. Die Übersetzer geben daher fast durchweg *test.* mit Schnecke bezw. dem Namen ihrer Vulgärsprache für dieses Tier wieder. Nur unter diesem Sprachgebrauch konnte die oben genannte Lesart in den Phädrusbearbeitungen entstehen und weitere Verbreitung finden.

und nicht das Original seine Quelle gewesen sein. Dieser unbekannten Quelle kann Schönbach natürlich alles zuweisen, worin B.
von Avian abweicht. Man darf aber m. E. erst dann seine Zuflucht
bei verlorenen Werken nehmen, wenn das Erhaltene zur Erklärung
nicht ausreicht. Im Folgenden haben wir zu prüfen, ob diese Not-
wendigkeit in diesem Falle vorliegt.*) Hervieux (Bd. III) hat einige
bisher unbekannte Avianbearbeitungen veröffentlicht:

I. Eine Sammlung, die er nennt: *„Fables en prose faisant
suite au dérivé complet du Romulus anglo-latin."* Dieser Romulus
ist die Sammlung L B G. Wir können demgemäß diese Avianbearbeitung den **Avian von L B G** nennen (hsg. Herv. III, 319).
Der Text dieser Bearbeitung zeigt an einer Stelle eine auffallende
Übereinstimmung mit B., wo der originale Avian abweicht: B. 80
= Avian 33 = Av. v. L B G 33 (Herv. III, 344)

„Von˘einem hêrren list man daz,
er hât ein gans, diu im liep was,
und solt im dennoch lieber wesen.
von der gans hab ich gelesen,
si leit **altag** ein guldin ei."

Nun liest man aber bei Avian:
*Anser erat cuidam pretioso germine feta
ovaque quae nidis aurea saepe daret.*
Der Avian von L B G hat aber: *„Vir quidam quondam
habuit unam aucam quae solebat quolibet die dare unum ovum
aureum."* Da wäre also die von Schönbach gesuchte Avianbearbeitung, die B. benutzt haben soll! Denn B. sagt ja ausdrücklich, daß er es gelesen habe, daß die Gans täglich ein goldenes
Ei gelegt habe. Nun hat Gottschick (Zs. f. d. Ph. VII, 241) gezeigt,
daß dieses „hab ich gelesen" sich nicht auf die nächsten Worte
zu beziehen braucht, sondern in einer Reihe von Fällen nur von
dem Inhalt der ganzen Fabel gesagt sein kann. Übrigens stimmt
B. in einzelnen Ausdrücken in dieser Fabel mit dem originalen
Avian überein, wo die Bearbeitung von L B G gar nichts Entsprechendes aufweist: Avian 33, 5
*sed dominus cupidum sperans vanescere votum,
non tulit exosas in sua lucra moras.*
B. 80, 9: „sin gîtekeit in des betwang,
13: daz in des beitens gar verdrôz."

---

*) Auch Horlet Progr. p. 49 hat sich den Ausführungen von Gottschick
angeschlossen.

Daß die Worte Avians wirklich dahin verstanden wurden, daß die Gans täglich ein Ei gelegt habe, zeigt außer der Avian-bearbeitung von L B G auch eine Hs. des Originals selbst, die diese Fabel überschreibt: „*De auca ponente quolibet die ovum aurcum*" (Her. III, 60). Man braucht sich für diese Abweichung also gar nicht auf Bearbeitungen zu berufen. Avian selber spricht in der Moral zu dieser Fabel von den „*vota diurna*". (Gottschick 2. Progr. p. 27.) Nur durch die Vergleichung der Texte der beiden lat. Schrift-steller mit dem Bs. läßt sich entscheiden, wen von beiden unser Dichter benutzt hat.

Die 1. Fabel Avians und seines Bearbeiters ist die 63. bei B. (Die Einleitung Bs.: Ein hungriger Wolf kam vor das Haus einer Frau — findet sich weder bei Avian noch in der lat. Bear-beitung). Gleichmäßig ist in allen drei Darstellungen der Anfang erzählt: Die Mutter sucht ihr schreiendes Kind zu beschwichtigen und droht, es dem Wolf zu geben. Der Wolf vor der Thüre hört diese Worte und wartet auf seine Beute. B. fährt fort:

> 20: „daz kint weinde vast als ê,
> unz daz ez in ein swigen kan.
> der wolf möchte noch dà stàn,
> nieman gap in der spise solt."

Av. 1, 3: „*credulus hanc vocem lupus audiit et manet ipsas pervigil ante fores irrita vota gerens.*
Nam lassata puer nimiae dat membra quieti."

Av. v. L B G: „*lupus expectavit ante fores, donec mulier quae dixerat impleret. Sed irruente sopore cum Puero pariter obdor-muit et mater*". B. stimmt also auch da mit Avian überein, wo die Bearbeitung L B G abweicht.

Nachdem der Wolf nun lange genug gewartet hat, zieht er sich endlich betrübt und mit knurrendem Magen zu den Seinen zurück. So erzählen Avian und B. Der lat. Bearbeiter läßt ihn aber von den Bauern vertrieben werden.

In der 66. Fabel = Av. 4 = Av. v. L B G 4 (Herv. III, 322. Sonne, Wind und Wandersmann) berichtet B. 66, 34:

> sîn mantel machte er (der Wanderer) zwivalt
> und strikt in vast umb sinen lîp;

Av. 4, 9: *ille magis ·lateri duplicem circumdat amictum.*
Dieser Zug findet sich nicht im Av. v. L B b: „*At ille, quanto*

plus erat necessarium, tanto arcius contra impetum venti sibi adnexit pallium".

Vergleichen wir noch eine der letzten Fabeln, die B. einem Avian entnommen hat: B. 90: „Von einem löwen und von einer geize" = Av. 26 = Av. v. L B G 29 (Herv. III, 342). Der Löwe rühmt der Ziege, die er auf einem hohen Felsen weiden sieht, die fette Weide unten im Thale, wo er steht:

B. 90, 15: „hie stânt die bluomen und der klê;
loup und gras und dennoch mê
stât hie, vil manig weide."

Auch Avian beschreibt im Einzelnen, was es Gutes unten zu finden giebt: Avian 26, 5:

*„Sed cythisi croceum per prata virentia florem
Et glaucas salices et thyma grata pete."*

Der Bearbeiter sagt ganz kurz: *„Hic enim invenies pascua quae bene tibi conveniunt."*

B. steht also dem Original näher als der Bearbeitung. Außer dieser Avianbearbeitung enthalten einige Hss. von L B G eine Reihe von Erzählungen anderer Herkunft, zu denen B. nichts Entsprechendes hat. Nur in der Trierer Hs. findet sich (nach Herv. III, 167 von einer Hand des 15. Jhs.) eine Novelle eingetragen, die auch von B. bearbeitet ist (No. 82). Wir werden darauf später zurückkommen. Jedenfalls kann diese späte Interpolation, die sich auch nur in einer Hs. findet, nichts für die Bearbeitung L B G beweisen.

Spätestens aus dem 12. Jh. stammt nach Hervieux (III, 371 gedruckt, III 181 besprochen) die Avianbearbeitung des **Poeta Astensis.** Da eine Hs. als Auianus (Münchner 12/13 Jh.) bezeichnet ist, müssen wir auch dieses Werk berücksichtigen. Der Verfasser hat sämtliche 42 Fabeln Avians bearbeitet und zwar in leoninischen Distichen. Er hat die Anordnung Avians völlig geändert und zwar nach Gesichtspunkten, die er selher im Prolog angiebt. Nun hat aber B. eine Reihe von Avianfabeln genau in der Anordnung des Originals. Der Reihe B. 68—69 entspricht genau Av. 1—7. Der Poeta Ast. hat folgendermaßen umgestellt: Av. 1 = P. A. III. Buch No. 1; 2 = I, 2; 3 = II, 5; 4 = I, 3; 5 = I, 5; 6 = I, 6; 7 = II, 6. Da B. auch in mehreren Fabeln, die ich verglichen habe, überall dem originalen Avian näher steht und, wo er von ihm abweicht, auch dem Poeta Ast. nicht gefolgt sein kann, so kann ihm diese Bearbeitung nicht als Quelle gedient haben.

Eine etwas kürzere Bearbeitung ist der **Novus Avianus von Wien und München** (hsg. v. Herv. III, 480) ebenfalls in leonin. Distichen (2 Hss. des 14. u. 15. Jhs.) Der Bearbeiter hat nur die 31. Fabel Avians, die auch bei B. fehlt, ausgelassen. Die übrigen Avianfabeln, die von B. nicht bearbeitet sind, finden sich aber in dieser Sammlung. Da dieser Bearbeiter die Anordnung des Originals genau bewahrt hat, kann nur die Textvergleichung darüber entscheiden, ob B. das Original oder diese Bearbeitung benutzt hat.

In der 1. Fabel (Der betrogene Wolf) erzählt Avian, wie das Kind, allmählich beruhigt, eingeschlafen sei. Ebenso B. Der lat. Bearbeiter hat diesen Zug ausgelassen (Herv. III, 430). Nach ihm wird der Wolf durch Hunde in die Flucht getrieben, wovon bei B. nichts steht.

In der Fabel „Sonne, Wind und Wanderer" läßt der Novus Av. den Boreas mit Wind, Schnee, Regen und Blitz zugleich auf den armen Wandersmann einstürmen. Bei Avian begnügt er sich mit Sturmwind und kaltem Regen. Ebenso B. 66, 3: „der wint was stark, der regen kalt". Auch dieser Bearbeitung konnte B. das Motiv nicht entnehmen, daß sich der Wanderer seinen Mantel **doppelt** umschlägt; wohl aber aus dem originalen Avian.

Von dem **Novus Avianus des Alexander Neckam** sind nur die sechs ersten Fabeln erhalten (hsg. v. Fröhner Avianausg· p. 57—63, Herv. III, 462 ff.) Hervieux (III, 226) ist der Ansicht, daß Neckam überhaupt nicht mehr bearbeitet habe. Wie dem auch sei, B. kann ihn nicht benutzt haben. In der ersten Fabel z. B. hat Neckam so stark gekürzt, daß auch Züge weggefallen sind, die sich bei B. finden. Er hat den ganzen zweiten Teil der Fabel, das Gespräch des Wolfes mit der Wölfin, ausgelassen, das bei Avian wie bei B. gleichmäßig breit ausgeführt ist.

Eine andere unvollständige Avianbearbeitung hat Hervieux (III, 468) als **Anti-Avianus** veröffentlicht. Die einzige Hs. (Cambridge 13. Jh.) trägt den Titel „Antavanus". Ob die Deutung von Hervieux richtig ist, bleibt dahingestellt. B. hat, wie er selber sagt, einen Avianus benutzt. Werke mit anderen Titeln sind daher ausgeschlossen. Die Vergleichung der Texte hat keine Übereinstimmung mit B. ergeben.

Damit ist die Zahl der bekannt gewordenen Avianbearbeitungen erschöpft. Überall konnte festgestellt werden, daß B. dem Originalwerk näher steht als den Bearbeitungen und daß er in Fällen, wo er von ihm abweicht, keiner von ihnen gefolgt zu sein braucht, ja in den meisten Fällen gar nicht gefolgt sein kann. Der Avian, den unser Dichter selber als Quelle zitiert, ist eben das Originalwerk des römischen Dichters.

β. Die von Boner benutzte Hs. des Avian.

Wie bei der Aesopgruppe müssen wir auch hier den Versuch machen zu ermitteln, wie die Hs. beschaffen war, der B. seine Avianfabeln entnommen hat. Sie war als Avianus bezeichnet:

> 63, 1: „Ein wolf eis màls hungren began,
> als man list in dem Aviân."

Diese Stelle ist von Wichtigkeit für die Ermittelung der Hssenklasse, zu der die Vorlage Bs. gehörte. Es giebt nämlich eine Klasse von Hss., die als Dichter Avienus nennen, indem sie Avian und Avien (Dichter der zweiten Hälfte des 4. Jhs.) identifizieren. Zu dieser Klasse gehört eine Reihe der älteren Hss., die den Ausgaben zu Grunde gelegt worden sind. B. aber muß eine Hs. der anderen Klasse gehabt haben. Die Form „Avian" ist durch den Reim auf „began" gesichert.

Die Hs. enthielt mindestens die 22 Fabeln, zu denen sich Parallelen bei B. finden und zwar entsprechen B. 3, 42, 63—69, 73, 75, 77—81, 83, 84, 86, 88, 90 und 91 den Fabeln Avians 17, 34, 1—7, 9—11, 13, 14, 33, 15, 16, 18, 19, 22, 26 und 29. Nach der Beschreibung, die Herv. von ungefähr 70 Avianhss. giebt, ist keine bekannt, die genau nur das enthielte, was auch B. bearbeitet hat. Man wird also auch hier annehmen müssen, daß B. absichtlich ausgelassen hat. Es ist aber auch nicht ausgeschlossen, daß seine Hs. am Ende verstümmelt war. Grade von den letzten Fabeln 35—42 hat er keine mehr bearbeitet.

Die prosaische Vorrede, in der Avian sein Werk einem Theodosius widmet, scheint B. nicht benutzt zu haben. Sie fehlt auch in vielen Hss.

Auch für die Anordnung, die B. seinen Avianfabeln gegeben hat, läßt sich aus den Hss. keine genaue Analogie nachweisen. Ebensowenig hat die Vergleichung der Überschriften von Bs. Avianfabeln mit denen der Hss., die in den Ausgaben benutzt sind, zu einem positiven Ergebnis geführt. B. stimmt in je zwei Fällen allein zu C (B. 73 u. 90) und L (63 u. 80) und in einem allein zu R (Ellis) (66). Wir kommen zur Vergleichung der Textvarianten:

Die Moral ist bei Avian bald an den Anfang der Fabeln gestellt (Promythien), bald — und zwar in den meisten Fällen — an das Ende (Epimythien). Über die Echtheit einzelner Epimythien sind die Herausgeber verschiedener Ansicht. Wir haben aber hier nur das zu beachten, was in den Hss. steht, und was B. benutzen konnte. Festgestellt ist, daß die älteren Hss. nur wenige dieser Epimythien aufweisen, daß aber im Laufe der Zeit immer mehr Fabeln damit versehen wurden. Aus der Zahl der bei B. nachweisbaren Epimythien läßt sich — natürlich nur ganz ungefähr — das Alter seiner Avianhs. bestimmen.

Von den übrigens in allen Avianhss. überlieferten **Promythien** hat B. jedenfalls folgende benutzt : Av. 5, 1—4 = B. 67, 50—55 und Av. 34, 1—4 = B. 42, 59—62. B. hat diese Promythien für seine Schlußmoral verwertet. Nicht benutzt scheint das Promythion zu Av. 7 = B. 69.

Wahrscheinlich erst mittelalterlichen Ursprungs sind die Epimythien zu folgenden Fabeln (veröffentlicht von Hervieux in der Beschreibung der Hss.) : Ep. zu Av. 17 :

More volant iaculi clandestina verba nocentis
Nec praescire palam laederis unde potes.

(Herv. III, 53) benutzt bei B. 3, 9 :

heimlich diu strâl der zungen kunt
geschozzen ûz des argen munt.*)

Das Epim. zu Avian 11 erscheint in den meisten Hss. in folgender Fassung (Herv. III, 53) :

Pauperior caveat sese sociare potenti
Namque fides illi est cum parili melior.

Der Cod. Guelf. 185 (Herv. III, 88) hat aber: **Debilior** . . Zu dieser Fassung stimmt B. 77, 31 :

Wenn der **krank** geselle wirt
des starken, kûm er des enbirt,
er betrüebe des kranken muot.

Benutzt ist ferner Ep. zu Av. 15 (Herv. III, 53) :

Si quadam virtute nites, ne despice quemquam,
Ex alia quadam forsitan ille nitet.

bei B. 81, 59—64 (bei Pfeiffer ist die Zählung falsch). Die Moral von 83 stimmt nicht mit der von Avian 16 überein, die B. in der

---

*) Hier hat B. umgekehrt das lat. Epim. für sein Prom. verwertet. — Vgl. übrigens Jeremias 9, 3 : *Et extenderunt linguam suam quasi arcum mendacii et non veritatis* und 9, 8 : *Sagitta vulnerans lingua eorum.*

Erzählung selbst verwertet zu haben scheint: Av. 16, 19 = B. 88, 29—81.

Ep. Av. 26 lautet in den meisten.Hss. so (Herv. III, 86):

Ne citius blandis cuiusquam credito verbis;
Sed, si sint fidei, prospice quæ monuit.

Cod. Guelf. 288 u. Paris. 1515: . . *quis* . . .

Und in dieser Form giebt auch B. das Epim. wieder: 90, 31

Ein wiser man an sehen sol,
wer im·rât übel oder wol.

Nur in wenigen Hss. findet sich folgendes Epim., das B. sicher benutzt hat. Zu Av. 29:

Qui bene proloquitur coram, sed postea prave,
Hic erit invisus, bina quod ora gerat.

B. 91, 48—52: Zwô zungen menlich schiuhen sol u. s. w.*)

Zweifelhaft ist es, ob B. die Epimythien zu Avian 13 = B. 78; Av. 14 = [B. 79; Av. 22 = B. 88 benutzt hat. Nicht benutzt zu sein scheint das zu Av. 34, das auch nur in einer Hs. steht. Ferner hat auf die Übereinstimmung der Epimythien zu B. 68 = Av. 6, B. 75 = Av. 10, B. 79 = Av. 14, B. 86 = Av. 19, B. 90 = Av. 26 schon Gottschick 2. Progr. p. 25 und 26 aufmerksam gemacht.

B. hat also mit Ausnahme von einem Pro- und Epimythion (bei drei Ep. ist es zweifelhaft) sämtliche Interpolationen der für ihn in Betracht kommenden Avianfabeln benutzt. Da sie, wie sich aus den Hss. ergiebt, erst nach und nach dem Originaltext beigefügt worden sind, so war die Avianhs. Bs. eine der jüngeren, die durch viele Zusätze entstellt sind.**)

Bei der Vergleichung des **Textes** der Avianfabeln Bs. mit den **Varianten** der in den Avianausgaben benutzten Hss. ist mir folgendes aufgefallen, was sich zur Ermittelung der Avianhs. Bs. verwerten ließe:

Als eine der eigentümlichsten Abweichungen Bs. von seinem Original kann die 3. Fabel „Von einem jeger und einem tigertier"

---

*) Wir können also zur Entschuldigung unseres Dichters auführen, daß ihm schon seine Hs. auf dem Wege vorangegangen ist, den Witz dieses Märchens vom Satyr und Wanderer so gänzlich mißzuverstehen, wie er es in der angehängten Moral thut.

**) Die Vergleichung dieser Interpolationen zeigt auch, daß sich B. auch in den Moralisationen viel stärker, als man nach den Textausgaben Avians vermuten konnte, von seinem Original hat beeinflussen lassen.

angesehen werden. Die Beurteilung wird noch dadurch erschwert, daß die Avianstelle (17, 4), auf die es hier ankommt, selber eine Crux der Herausgeber ist. Wir können aber unberücksichtigt lassen, was sie hier konjiziert haben; wir haben uns einfach an das zu halten, was in den Hss. steht, und was auch B. lesen mußte, wenn er eine der gewöhnlichen Klasse benutzte. Diese Stelle lautet fast in allen Hss. : (Der Jäger verfolgt die Tiere) Av. 17, 3:

Tum pavidis audax cupiens succurrere tigris
Verbere commotas iussit adesse minas.

Das kann wörtlich nur so übersetzt werden: „Da befahl der kühne Tiger, der den ängstlichen (Tieren) zu Hülfe kommen wollte, daß Drohungen, durch den Schlag erregt, da sein sollten." Über den Sinn dieser Worte kann kein Zweifel sein, wenn man Babrios (höchst wahrscheinlich die Quelle Avians) vergleicht, der statt des Tigers einen Löwen einführt, ed. Gitlbauer I, 4:

λέων δὲ τοῦτον (den Jäger) προὐκαλεῖτο θαρσήσας
αὐτῷ μάχεσθαι . . . .

Zum Schutz der Tiere will der Löwe mit dem Jäger kämpfen. Darauf deutet auch das *succurrere* des Avian, bei dem nach der Lesart der Hss. der Tiger auch die Tiere auffordert, sich mit ihm zur Wehr zu setzen. Es ist also auf einen Kampf abgesehen.*) Der Jäger aber ruft ihm zu: „Mein Bote wird dir schon zeigen, wie schnell ich komme" v. 6 „*Nunc tibi qualis eam, nuntius iste refert.*" Der Bote ist der Pfeil, der die Schenkel des Tigers durchbohrt.

Boner aber stellt den Vorgang ganz anders dar: 3, 25:

„dô kam ein tigertier gerant,
dem was der schütze nicht bekant,
daz trôst diu kleinen tierlîn
und sprach: „lânt iuwer vorchte sin!
ich sihe weder man noch hunt,
der uns iut schade". ûf dirre stunt
der jeger schôz das tigertier."

Bei B. sieht der Tiger den Jäger überhaupt nicht und sucht den Tieren ihre grundlose Furcht auszureden. Bei Avian aber sieht der Tiger den Verfolger, er will mit ihm kämpfen und fordert auch die anderen Tiere zum Widerstand auf. Der Jäger redet den Tiger

---

*) So fassen auch mittelalterliche Bearbeiter die Stelle auf, z. B. Apologi Herv. III, 359 und Avian v. Wien u. München Herv. III, 437.

direkt an, einen Zug, den B. bei seiner Darstellung natürlich aus-
lassen mußte. Bei Babrios und Avian leugnet der Löwe bezw.
Tiger nicht die Anwesenheit, sondern die Überlegenheit des Feindes.
Bei B. bestreitet der Tiger die Anwesenheit einer Gefahr überhaupt: „Ich sihe weder man noch hunt, der uns iut schade." Was
konnte B. die Veranlassung gegeben haben, so stark zu ändern?
Die Frage löst sich sehr einfach, wenn man annimmt, daß er
in seiner Hs. nicht gelesen hat, wie es fast in allen steht:

Verbere commotas iussit **adesse** minas
sondern   „   „   „   **abesse**   „

wie A und b (bei Ellis) lesen: „es seien überhaupt keine Drohungen
durch einen Schlag (Schuß) hervorgerufen, vorhanden", wobei er
„iussit" nicht mit „befahl", sondern einfach mit „sprach" wieder-
zugeben gezwungen war. So konnte B. schreiben:

„Ich sihe weder man noch hunt."

Von den beiden Hss., die diese Lesart *(abesse* für *adesse)*
haben, kann A (Paris. Herv. III, 54) für B. nicht in Betracht kommen,
weil es eine Avienhs. ist. b dagegen ist eine Avianhs.: *„Incipiunt
fabule Auiani"* (British Mus. No. 21213 saec. 13: Ellis XLI,.
Herv. III, 95). b hat aber keine Überschriften. Aber aus den
Überss. der Avianfabeln konnten wir auch keine bemerkenswerten
Übereinstimmungen mit nur einer der bekannten Avianhss. erkennen.
Eine andere auffallende Abweichung Bs. von dem gewöhnlichen
Texte Avians weist ebenfalls auf b hin:

In der schon angeführten 64. Fabel „Von einem sneggen und
einem arn" läßt B. die Schnecke, die vom Adler das Fliegen lernen
will, durch den Sturz aus der Höhe zerschmettert werden, während
nach der Lesart der meisten Hss. Avians die *testudo* durch die
Klauen des Adlers umkommt. Av. 2, 10: *occidit infelix alitis
ungue fero.* Schönbach und Herlet (Progr. p. 49) haben deshalb
sofort nach einer anderen Quelle für diese Fabel gesucht. Ein
Blick in das Variantenverzeichnis der Hss. hätte ihnen diese Mühe
ersparen können. Hs. b hat nämlich nicht *„occidit"* sondern:
„decidit infelix alitis ungue fero" = „die Unglückliche fiel aus der
grausamen Klaue des Vogels herab" = B. 64, 32:

„dô liez in vallen der adlar
har nider . . ."

Von den durch die Ausgaben bekannten Hss. hat nur die Londoner
Hs. b — dieselbe, die auch die Variante in der Fabel vom Tiger

bot, — diese Lesart.*) Ferner läßt sich für die Hs. b noch an-
führen, daß sie eine der jüngeren ist, die schon reichlich mit den-
jenigen Interpolationen versehen war, deren Benutzung wir bei B.
nachweisen konnten: vgl. Ellis: The fables of Avianus p. XLI:
„b (century XIII) of secundary importance, and often interpolated."
Bei der ungeheuren handschriftlichen Verbreitung der Fabeln
Avians wäre es vermessen, mit Bestimmtheit eine einzelne noch
erhaltene Hs. als Vorlage Bs. zu bezeichnen. Von den Varianten
der Hs. b weicht B. in keinem Falle merklich ab, stimmt vielmehr
in zwei Fällen, wo der deutsche Dichter auffallend von der gewöhnlichen Textüberlieferung abweicht, mit dieser Hs. überein. b ist
eine Avianhs., eine der jüngeren und stark interpolierten, ganz so
wie die, die B. benutzt hat.

Es darf als gesichert gelten, daß Bs. Avianhs. mit der Hs. b
sehr nahe verwandt war. Man wird demnach bei der Vergleichung
Bs. mit seiner Quelle die Avianhs. b zu Grunde zu legen haben.

C. Die Quellen der übrigen Beispiele.

Es bleiben noch 23 Beispiele übrig, für die sich weder beim
An. Nev. noch bei Avian Parallelen finden, für die sich auch kein
gemeinsames Original hat nachweisen lassen. Im 1. Teile des
Edelsteins, unter den Fabeln der Aesopgruppe, finden sich nur
wenige dieser Erzählungen eingestreut. Sie bilden hauptsächlich
den 3. Teil des Werkes, wo sie von No. 70 an unter die Avianfabeln gemischt sind. Von 94 an finden sich keine Aesop- und
Avianfabeln mehr. Es sind zumeist keine Tierfabeln, sondern
moralisirte Parabeln und Novellen.

Da diese Stoffe sich in keiner lat. Sammlung vereinigt finden,
muß die Untersuchung für jedes Beispiel einzeln geführt werden.
Erschwerend wirkt ferner, daß sich die Abfassungszeit des Edelsteins nicht genau genug bestimmen läßt.**)

*) Sie muß aber noch in mehreren anderen gestanden haben, da
auch eine alte Ausgabe, die Ellis anführt, und einige mittelalterliche
Avianbearbeitungen sie voraussetzen. Avian v. L B G Herv. III, 321 —
Apologi Herv. III, 354. Auch Peregrinus Polonus (Ende des 13. Jhs.
Crane p. LIV) erzählt die Fabel in dieser Version in seinen Sermones
(Köln 1505) dominica II in adventum: .. *et dimisit ipsam cadere super
rupem et penitus confracta est.*

**) Wenn nämlich der Verfasser des Edelsteins mit dem Berner
Dominikaner identisch ist, so wissen wir nur, daß er 1324 schon — da-

In erster Linie haben wir lat. Schriftsteller aus der Zeit vor B. heranzuziehen; nur für sie habe ich in den Nachweisungen nach Vollständigkeit gestrebt. Wo keine lat. Parallelen aus früherer Zeit zu ermitteln waren, konnten wir an solchen in Volkssprachen die Verbreitung des Stoffes vor B. nachweisen. Es ist dann nur als Zufall zu betrachten, wenn sich nicht auch eine lat. Fassung der Erzählung erhalten hat. Nur in zwei Fällen waren Parallelen aus der Zeit vor B. nicht zu ermitteln. Hier konnte nur die spätere Verbreitung des Stoffes belegt werden. In die Parallelenverzeichnisse habe ich nur diejenigen Citate aufgenommen, die ich selber nachvergleichen konnte oder selber gefunden habe. Im ersteren Falle ist in eckiger Klammer angegeben, wo sich die Nachweisung zuerst findet.

Für die Geschichte der Novelle im Abendlande ist das 13. Jh., die Zeit der Gründung und der ersten Blüte der neuen Predigerorden, besonders des der Dominikaner, der Prediger *κατ' ἐξοχήν*, geradezu epochemachend. Bis dahin hatte sich die Novelle im Munde der Spielleute, jener übel beleumundeten histriones, eines höchst zweifelhaften Rufes erfreut. Von nun an wird sie in der Form des Predigtmärlein, des Exemplum, ein wichtiger Bestandteil der volkstümlichen Predigt und erhält im Munde der Geistlichen eine höhere Weihe. *)

Für die Predigt werden ganze Sammlungen von Novellen, manche in alphabetischer Ordnung angelegt, durch Abschriften und später durch den Druck weiter verbreitet. Ein anderer Weg der Verbreitung sind die Aufzeichnungen von Predigten selbst, die ebenfalls in Drucken des 15. und 16. Jhs. erhalten sind. Fast alles sind Werke von Dominikanern und für die Zwecke der Predigt

---

mals war er schon Mönch — und 1349 noch gelebt hat. 1349 oder 50 ist auch die letzte Erwähnung seines Gönners, des Herrn von Ringgenberg. Vgl. Bächtold: Gesch. d. dtsch. Litt. in der Schweiz, p. 172.

*) Auffallend ist, daß ein.so volkstümlicher Prediger wie Berth. von Regensburg so spärlich von dem Exemplum Gebrauch macht, obwohl er die gute Wirkung auf sein Publikum kennt: „Unde dâ von wil ich iu ein mærlîn sagen, daz behaltet ir vil lîchte baz, danne die predige alle samt." Linsenmayer: Gesch. d. Predigt in Dtschld. München 1886 p. 177. Über den Gebrauch der Exempla in der Predigt vgl. Cruel: Gesch. d. dtsch. Pred. im M.-A. Detmold 1879 p. 251. — Lecoy de la Marche : La chaire franç, au XIII scle. Paris ² 1886 p. 298. — Bourgain: La chaire franç au XII. scle. Paris 1879 p. 258. — Linsenmayer p. 174 und Crane : The exempla of J. de Vitry p. LII—CXVII.

geschrieben. Auch B. ist Dominikaner, auch sein Werk ist eine Sammlung von Fabeln und Novellen, die sich mit ihrem moralischen und erbaulichen Schluß sehr gut für die Predigt verwerten ließen. Ich vermute, daß B. ursprünglich seine Stoffe zu demselben Zweck gesammelt hat wie seine lat. schreibenden Ordensbrüder. *)

2. Von einem affen und von einer nuz.

Odo de Ceritonia. Herv. II, 627. [Österley zu Kirchhof 1, 129.] Jacobus de Vitriaco. ed. Crane No. 127. Vincentius Bellovacensis: Speculum nat. 19 c. 106 fo. 242 v⁰. [E. Voigt Zs. f. d. A. 23, 298.] Guibertus Tornacensis: Sermones fo. 103 v⁰. Speculum morale. Bd. II, 1. III, 4, 5 fo. 91 r⁰. [Gottschick Zs. f. d. Ph. XI, 329.] Joh. de S. Geminiano: Conciones p. 203. Dialogus Creaturarum. Dial. 11. [Gottschick 1. Progr. p. 11.] Lumen anime. titulus 75 F.

Das Beispiel von dem Affen, der die süße Nuß wegwirft, weil ihm die Schale zu bitter und hart ist, hat eine reiche Geschichte. Der bildliche Gegensatz von der bitteren Schale und dem süßen Kern ist schon im klassischen Altertum, in der patristischen Litteratur und durch das ganze M.-A. hindurch sehr gebräuchlich (vgl. Voigt zu Fec. rat. I, 924 und Zingerle: Die dtsch. Sprichwörter im M.-A. Wien 1864, p. 128). Dasselbe Bild verwertet auch der An. Nev. Prol. 12 und danach Boner Epilog 15, 16. Lessing X, 348 Anm. hatte die ganze zweite Fabel Bs. aus dieser einen Zeile des An. Nev. ableiten wollen. Nun findet sich aber dieses Motiv genau in derselben Einkleidung wie bei B. schon früher bei einer ganzen Reihe von lat. Schriftstellern. Soweit bekannt zuerst in den Parabolae Odos de Ceritonia. Die Fassung im Spec. nat. des Vincenz v. Beauvais und in den ihm fälschlich zugeschriebenen Spec. mor. (aus dem Anfang des 14. Jhs.) kommen hier nicht in erster Linie in Betracht, da in jenem von dem Granatapfel gesprochen wird, in diesem außer den Nüssen auch die Äpfel erwähnt werden, wovon B. nichts hat. Auszuschließen von der Vergleichung mit B. ist weiterhin die Erzählung im Dialogus Creat., da nach den

---

*) So kann der Charakter des Bonerschen Werkes als eine Stütze für die Identifizierung des Verfassers des Edelsteins und des Berner Dominikaners Ulrich Boner angeführt werden.

gründlichen Untersuchungen von Pio Rajna: Del „Dial. Creat."
(Giornale stor. della lett. ital. Bd. III, IV, X und XI bes. X 71)
dieses Werk wahrscheinlich erst 1355 abgefaßt ist. Über die
Abfassungszeit des Lumen anime, einer Sammlung von parabolisch-
moralischen Erklärungen von Dingen der Natur, ist mir nichts bekannt.
Guibert von Tournay (Franzisk., lehrt und predigt in Paris ca. 1270,
vgl. Wetzer und Welte: Kirchenlexikon [2]V, 1354) macht in seinen
Predigten ausgiebigen Gebrauch von den Exempla des berühmten
Kreuzpredigers und Bischofs von Akkon († 1240, vgl. Einleitung
von Crane) Jacques de Vitry und hat wahrscheinlich auch diese
Erzählung von ihm abgeschrieben. Außer den beiden Versionen
im Spec. nat. und mor. stimmen alle diese Parallelen fast Wort für
Wort mit einander überein. In einem Zuge (Erwähnung der Härte
der Schale) und überhaupt der breiteren Ausführung stimmt allein
Joh. de S. Geminiano mit B. überein (Dominik. in Siena. Anfang
des 14. Jhs. Wetzer und Welte VI, 1677). Eine sichere Entscheidung über die Quelle Bs. läßt sich demnach nicht geben.

4. Von einem boume auf einem berge.

S. Hieronymi Epist. ed Vallarsi [2]I pars. II. p. 678.
Cod. Paris. lat. 11867 saec. 13. bei du Méril: Poésies inédites . .
(Paris 1854) p. 267 No. 1 und Herv. III, 224.

Gar Seltsames weiß B. in seiner vierten Fabel von einem
Baum auf einem hohen Berge zu erzählen. Es ist ein überaus
herrlicher Baum mit süßen Früchten. Er hat aber die Eigentümlichkeit, daß man die Süßigkeit seiner Früchte nicht eher genießen
kann, als bis man die Bitterkeit seiner Wurzeln gekostet hat, die allerdings recht bitter, hart und sauer sind. Wie sich das der Dichter
vorstellt, daß man zuerst die bitteren Wurzeln des Baumes verzehren müsse, um die süßen Früchte kosten zu können, verrät er
uns allerdings nicht. Er läßt vielmehr der Beschreibung des
Wunderbaumes eine unverhältnismäßig lange Moral von 34 Versen
folgen, die das Wunderbare auch nicht weiter erklären.

Bisher ist diese Parabel ihrer Herkunft nach noch völlig
unerklärt. Schönbach (Zs. f. d. Ph. VI, 286) hält sie für freie
Erfindung des Dichters. Gottschick 1. Progr. p. 12, 2. Progr.
p. 9 macht auf die Ähnlichkeit mit No. 2 aufmerksam und meint,
daraus habe sie der Dichter abgeleitet. Zs. f. d. Ph. XI, 335

zählt er sie zu denen, für die ihm weder Quelle noch Parallelen
bekannt sind.
Es liegt auf der Hand, daß diese Erzählung ein Pendant zu
No. 2 (Affe und Nuß) sein soll. Wie dieser Parabel der Gegensatz von Schale und Kern zu Grunde liegt, so sehen wir hier den
von Wurzel und Frucht verwertet. Die bittere Schale birgt einen
süßen Kern, die bittere Wurzel trägt süße Früchte. Wie die Süßigkeit des Kernes für die Bitterkeit der Schale entschädigt, so wiegt
auch die Süße der Früchte des Baumes die Bitterkeit der Wurzeln
auf. Dieses Bild findet sich nun beim h. Hieronymus, der in einem
Briefe (Ep. 107 ad Laetam de institutione filiae cap. 1) schreibt :
„*et intelliget consilium Apostoli* (scl. I. Cor. 7, 13: Ein christl.
Weib verlasse ihren heidnischen Mann nicht!) *illuc profecisse, ut*
radicis amaritudinem dulcedo fructuum compensaret. (Dann weist
er auf die unscheinbaren Zweige hin, die den köstlichen Balsam
ausschwitzen.) Dieses Bild ist mir aus dem M.-A. (zwei moderne
Sprichwörter bei Wander : Sprichwörterlexikon unter „Wurzel" No. 4
und 7. Bd. V, 474) nur noch aus einem moralischen Gedicht einer
Pariser Hs. des 13. Jhs. bekannt, das dort hinter den Fabeln des
Novus Avianus Neckams steht. (Leider sind nur die 4 ersten von
den 10 Zeilen dieses Gedichtes bekannt).

     V. 1 : *Dulcessit crebro fructus radicis amarae.*
Auch die folgenden Verse klingen einige Male an B. an.
     V. 2 : *Si labor est radix, ars tibi fructus erit.*
     B. 4, 38 : Wer kunst und wisheit haben sol,
              sicher, der muoz arbeit hân.
     V. 3 : *Spes fructus iubet arva coli.*
     B. 4, 23 : er muoz sich üeben ûf dem plan
              der tugenden . . . . *)
Daß man nun auch wirklich die Wurzeln verzehren müsse,
um die Süßigkeit der Früchte zu würdigen, dafür konnte B. in der
Fassung des Spruches beim h. Hieronymus und in dem lat. Gedichte,
das er wohl gar nicht gekannt hat, nichts finden. Ich denke, er
ist auf diesen Einfall gekommen durch seine Erzählung vom Affen
und der Nuß, der er auch in diesem Zuge etwas Ähnliches zur

---

   *) Für die Moral Bs. vgl. Hebr. 12, 11 : *omnis autem disciplina in*
praesenti quidem videtur non esse gaudii, sed maeroris : postea autem fructum
pacatissimum exercitatis reddet iustitiae. V. 15 wird — allerdings in ganz
anderem Sinne — von der „*radix amaritudinis*" gesprochen und V. 18
heißt es : „*Non enim accessistis ad tractabilem montem.*"

Seite stellen wollte. Wer zum süßen Kern gelangen will, darf sich durch die bittere Schale nicht abschrecken lassen; wer die süße Frucht des Baumes genießen will, muß auch seine bitteren Wurzeln schmecken.

Weshalb muß der Wunderbaum noch dazu auf einem hohen Berg stehen? Die Antwort darauf giebt, — wenn der Hinweis auf Hebr. 12, 11—18 nicht genügt, — die Moralisation. Der Berg ist geschaffen als mühsam zu überwindendes Hindernis für den, der zu den süßen Früchten gelangen will. Der Dichter ist wohl selbst zur Einsicht gekommen, daß das Motiv von den Wurzeln, die vorher verzehrt werden müssen, doch etwas gewagt ist. Er redet deshalb in der langen Moral kein Wort mehr von den Wurzeln, sondern hält sich allein an das Motiv von dem hohen Berg. *)

Ob nun B. das seinem Beispiele zu Grunde liegende Sprichwort bei Hieronymus selber gelesen hat, oder irgendwo sonst, ist von untergeordneter Bedeutung; daß er es in irgend einer Form benutzt hat, kann keinem Zweifel unterliegen. **)

43. Von einer miuse und von ir kinden.

Appendix An. Nev. Herv. II, 425, No. 11. [Robert: Fables inédites . . Paris 1825 II, 12.]

Bromyard: Summa predicantium J. 7, 9 fo. 165 v⁰ und T. 3, 6 fo. 368 v⁰ [Österley zu Pauli 530].

---

*) Ähnlich vergleicht Herbort von Fritzlar die Schwierigkeit seiner dichterischen Arbeit mit der Besteigung eines hohen Berges: Liet von Troye, hsg. von Frommann v. 1641—56. Vielleicht ist B. auch zur Einführung dieses Motives mitbestimmt worden durch die mittelalterliche Anschauung, — die allerdings heute niemand mehr teilt, — wonach die Früchte auf den Bergen süßer werden. Vgl. Guibert v. Tournay fo. 29 r⁰: *„Habet etiam mons dulcedinem, unde fructus in montibus dulciores sunt eo quod calor celestis ibi facilius fructuum humiditatem dirigit et in sua natura convertit."*

**) Nachträglich bemerke ich, daß die Stelle bei Hier. nebst einigen ähnlichen aus der antiken Litt. von Otto: „Die Sprichwörter und sprichwörtlichen Redensarten der Römer", Leipzig 1890 p. 195 unter „litterae" zitiert wird. Aber an fast allen der dort verzeichneten Stellen wird unser Sprichwort speciell auf die Wissenschaft bezogen. In dieser Form wird es schon Cicero zugeschrieben: *„Litterarum radices amaras, fructus dulces."* Allgemeiner gehalten ist nur Ausonius Idyll. 4, 72: *„Carpturi dulcem fructum radicis amarae."* In der für Boners Quelle vorauszusetzenden Form liegt der Spruch nur in der oben zitierten Stelle des Hier. vor.

Wir haben S. 16 ff. die Appendixfabel als Quelle Bs. zu erweisen gesucht. *)

48. Von dem ritten und von der vlô.

Cod. Sangallensis des Paulus Diaconus [Müllenhoff Zs. f. d. A. 13, 320]. Jacobus de Vitriaco 59.
Joh. Junior: Scala celi unter Delicie fo. 68 r⁰. [Gottschick Zs. f. d. Ph. XI, 326.]
[Jüngere Parallelen Goedeke Or. u Occ. II, 543. — Robert I, 192.]

Ein Kabinettstück in der Sammlung Bs. ist seine Erzählung vom Fieber und dem Floh. Obschon der Grundgedanke der Fabel in der Hs. des Paulus Diaconus derselbe ist, wie bei B., so können wir sie doch von der Betrachtung ausschließen, da sie dort eine andere Einkleidung hat. Dort wird ganz allgemein von den alten Zeiten gesprochen, wo der Floh die Reichen und das Podagra die Armen geplagt habe. Fast in allen Einzelheiten dagegen stimmt B. mit Jakob v. Vitry, bei dem übrigens schon Goedeke (a. a. O.) diese Erzählung vermutet hatte, und der Scala celi des französischen Dominikaners Joh. Junior überein (Mitte des 14. Jhs. Crane p. LXXXVI). Eine Entscheidung zwischen diesen beiden Fassungen läßt sich nur schwer treffen, da Joh. Junior fast wörtlich aus Jakob v. Vitry abgeschrieben hat. Doch scheint mir manches für die Benutzung des letzteren zu sprechen, dessen berühmte, hundert Jahre früher abgefaßte Predigt- oder Exempelsammlung B. wohl eher gekannt haben wird als das Werk seines Zeitgenossen.

So fehlt in der Scala celi die Magd, die die Äbtissin zu Hülfe ruft: J. de V.:

„(cepit) vocare ancillas ut veniret cum candalis."

B. 48, 28: si schrei: „Irmendrût, belip
nicht lange! kum her wider in!
36: zünd bald daz liecht!

Ferner fehlt in der Scala c. die Erneuerung des Angriffs auf die Äbtissin. J. de V.: *„quibus recedentibus, reversa sum ad abba-*

---

*) Jüngere Parallelen Robert, II, 11 und Kurz zu B. Waldis 2, 92. Im 55. Bd. der Bibl. de l'Ecole des Chartes (1894) p. 638 wird über eine Hs. mit lat. Predigtbeispielen berichtet (datiert 1322). Von No. 4 wird der Anfang angegeben: „Quedam mus dum haberet parvos mures, quodam die dixit, ut exirent de nido suo et querent sibi pascua." Leider kann man aus diesen wenigen Worten nicht erkennen, ob wir es hier mit einer Parallele zu B. 43 zu thun haben.

tissam. At illa quociens accessi totiens cum luminaribus faciebat me queri, vgl. B. 48, 37—42. Weiterhin folgt B. in den Versen 48, 55 ff., wo das Fieber spricht:

> „ich erschutte ir ir gelider
> kreſteklich . .“

den Worten Jakobs v. V.: „*cumque eam arripuissem*“, wo Joh. Junior nur hat: „*mulieri pauperi me coniunxi.*“ Ebenso stimmt B. 48, 74:

> „wir süllen wechslen, daz ràt ich,
> unser herbrig beide“

wörtlich zu J. 'de V.: „*Mutemus hac nocte hospicia.*“ In der Scala c.: „*Vade tu ad abbatissam et ego ibo ad pauperem mulierem.*“ Das Weitere giebt Joh. Junior ganz kurz: „*Quod cum fecissent et in crastinum convenissent, quaelibet mirabili modo commendavit dominam suam.*“ B. dagegen beschreibt mit großer Ausführlichkeit die Erfahrungen beider in der zweiten Nacht, wofür er nur bei Jakob v. V. Anhaltspunkte finden konnte, der den Floh erzählen läßt (bei B. spricht zuerst das Fieber): „*Optimum hospicium hac nocte habui. Nam mulierem illam, que hospita tua fuerat, ita fatigatam et dormitantem inveni, quod quievi secure apud eam et quantum volui comedi.*“ B. 48, 131—135:

> diu vrouw lag stille unde slief:
> diu vlô ûf unde nider lief,
> die spîse ir nieman werte;
> si hàt des si begerte
> die langen nacht . .

In der Moral gedenkt J. v. V. auch des Strohsacks der armen Frau (B. 129): „*in pace post laborem dormiebat super stramen pauper muliercula.*“

Vgl. auch die Erzählung des Fiebers bei Jakob v. V. und B. 81 ff., die bei J. Junior ganz fehlt. Leider hat Crane die Moralisation Jakobs v. Vitry nicht vollständig abgedruckt; es ist aber zu vermuten, daß auch hierin J. Junior seine Quelle abgeschrieben hat, wenn er die Erzählung mit den Worten schließt: „*Unde ita videmus manifeste quod qui plures delicias habent, minus vivunt et frequentius infirmantur*“ (diese Stelle fehlt bei Gottschick), wozu B. fast wörtlich stimmt: 48, 149:

> wen spricht, daz überig gemach
> gesunde liute machet swach.
> nâch sinen statten wird der man
> siech dik, als ich vernomen hàn.

Wir können also mit einiger Sicherheit das 59. exemplum Jakobs v. Vitry als die direkte Quelle Bs. bezeichnen.

49. Von einem habke und einer kræjen.

Altdeutsche Beispiele, hsg. v. Pfeiffer. Zs. f. d. A. 7, 357. [Gottschick Zs. f. d. Ph. XI, 330.]

Schon im klass. Altertum und das ganze M.-A. hindurch erzählte man sich von der Bosheit der Kuckucks, der seine Eier in die Nester anderer Vögel legt, um sie von ihnen ausbrüten zu lassen. *) Die jungen Kuckucke belohnen ihre Pflegemutter mit schnödem Undank: sie fressen sie schließlich auf. Anstatt der Grasmücke werden manchmal auch die Sperlinge oder die *fulica* genannt (Georges: = Bläßhuhn. Dieffenbach: = Wasservogel, Schneegans, Wiedehopf). Bei B. lesen wir nun etwas ganz anderes: Die Pflegemutter stiehlt selber die Eier des größeren Vogels, um kräftigere Jungen zu erziehen. Für diesen Zug ist bis jetzt keine lat. Parallele bekannt. **) Auch erscheinen bei B. ganz andere Tiere: Habicht und Krähe. ***) Im ganzen dasselbe wie von B. wird in einer älteren mhd. Fabel, die der Herausgeber (Pfeiffer) nicht später als die Mitte des 13. Jhs. setzen will, ebenfalls vom Habicht und der Krähe erzählt. Doch ist — abgesehen von der Versicherung Bs., daß er lat. Quellen benutzt habe — auch schon um deswillen nicht daran zu denken, daß diese deutsche Fabel seine Quelle gewesen ist, da er fast in allen Einzelheiten von ihr abweicht. Da weitere Parallen für diesen Stoff fehlen, darf man wohl annehmen, daß beide deutschen Bearbeitungen auf dieselbe lat. Quelle zurückgehen, die jedenfalls den Gang der Handlung nur kurz andeutete, so daß sie von beiden deutschen Dichtern in einzelnen Zügen verschieden ausgestaltet werden konnte.

*) Nachweisungen von Österley, Kirchhof 7, 152, Gottschick a. a. O. u. bes. Voigt Zs. f. d. A. 23. 284 u. zu Egberts v. Lüttich Fec. rat. I. 767, wozu ich nachtrage: Herv. II, 658 und S. Ambrosius: Hexaemeron V, 18 opera I, 104

**) Bei S. Ambrosius nimmt die fulica die vom Adler ausgestoßenen Jungen in ihr eigenes Nest.

***) Nur der Nivardus hat hier ein mit der Krähe verwandtes Tier: die Dohle, graculus. Voigt a. a. O.

52. Von einem man und sînem sune und einem esel.

Etienne de Besançon: Alphabetum narrationum unter „Verbum."
Gedruckt bei P. Meyer: Anm. zur Ausg. v. N. Bozon p. 285.
Nicole Bozon: Contes moralisés No. 132 mit lat. Übers. p. 219.
Andere franz. Version der Novelle: p. 286 „Ci nous dist".
Don Juan Manuel: Conde Lucanor [Goedeke Or. u. Occ. I, 532
mit deutscher Übers.] Franz. Übers. G. Paris p. 95.
Joh. Junior: Scala celi unter murmur, fo. 122 r⁰. [Goedeke a. a. O.
p. 540.]
Bromyard: Summa predicantium J. 10, 22 fo. 172 v⁰. [Goedeke
a. a. O. p. 537.]
San Bernardino da Siena Racc. 3. [R. Köhler, Gött. Gel. Anz.
1869 Stück 45.]
Gabriel Bareleta: Sermones 2. Teil fo. 39 v⁰.
Gottschalk Hollen: Sermonum pars estivalis. Sermo 100 E.
Joh. Major Soc. Jes.: Magnum speculum exemplorum, p. 418.
(Weitere Parallelen Österley zu Pauli 577).

Der Geschichte dieser berühmten Novelle hat Goedeke Or.
u. Occ. I, 531 ff. (1862) eine Monographie gewidmet. Neuerdings
hat G. Paris in seinem Aufsatz: „Les contes orientaux dans la litt.
franç. du m-à (abgedruckt: G. Paris: La poésie franç. du m.-à.
Leçons et lectures" Bd. II (1895) die Untersuchung wieder aufgenommen. Goedeke hatte vermutet, daß diese Novelle von Jakob
v. Vitry, den Joh. Junior zitiert, -in die europäische Litteratur
eingeführt worden sei. Diese Annahme hat sich aber nicht
bewahrheitet (vgl. P. Meyer: N. Bozon. Anm. zu p. 286). *)

Der erste, der sie nachweislich im Abendlande erzählt, ist
der Dominikanergeneral Etienne de Besançon († 1294 Crane
p. LXXI) in seiner alphabetischen Beispielsammlung. Etwa gleich-
zeitig mit unserem Dichter schreibt der spanische Prinz Don Juan
Manuel, **) etwas früher in England der französisch schreibende
Dominikaner N. Bozon. J. Junior um die Mitte des 14. Jhs. Alle
anderen Citate gehören einer späteren Zeit an. (S. Bernardinos ital.
Predigtbeispiele nach Predigten von 1426, Bareleta und Hollen in

---

*) Doch vgl. Crane p. LI: „*There was undoubtedly . . . a large mass
of stories in circulation attributed to J. de V., and some of them may have
been told by him in his sermons . . . and have been noted or remembered by
his hearers.*"
**) 1282—1347 Ticknor: History of Spanish Literature London 1863
I, 56. — Conde Lucanor vollendet 1335. Goedeke.

der zweiten Hälfte des 15. Jhs.) Bei B. verläuft die Geschichte in
5 Akten: 1. Der Vater reitet auf dem Esel. 2. Der Sohn. 3. Beide
zusammen. 4. Beide gehen zu Fuß. 5. Sie tragen den Esel. Damit stimmen nun genau überein: Et. de Besançon und Bareleta.
Bei S. Bernardino fehlt nur der letzte Vorgang. Bozon und Bromyard
haben 3. und 4. umgestellt, bei Hollen fehlt No. 3, ebenso bei
J. Junior, der dazu noch No. 4 an den Anfang stellt. Ganz abseits
steht die span. Erzählung, wo die Erzählung so verläuft: No. 4 —
2 — 1 — 3. Vom Tragen des Esels ist hier keine Rede. Don
Juan Manuel scheint, wie Goedeke wahrscheinlich gemacht hat,
direkt aus einer orient. Quelle geschöpft zu haben, während alle
übrigen angeführten abendländischen Versionen dieses Stoffes im
Grunde wohl auf dieselbe lat. Bearbeitung, die allerdings unbekannt
ist, zurückgehen. Diese Fassungen unterscheiden sich außer in der
Reihenfolge der einzelnen Akte hauptsächlich in der Schlußscene.
S. Bernardino läßt es überhaupt nicht zum Tragen des Esels
kommen; bei Joh. Junior rufen die Wanderer dem Paare höhnisch
zu, sie sollten den Esel lieber tragen; bei Bozon macht der Vater
selbst ironisch den Vorschlag, der bei Boner, Et. de Besançon,
Bromyard, Bareleta und Hollen wirklich ausgeführt wird. In allen
diesen Fassungen handelt es sich um Vater und Sohn. Bei S.
Bernardino aber tritt ein Santo Padre und ein monachetto auf.
G. Paris hält diese Version für ursprünglicher, weil sie damit den
asketisch-buddhistischen Charakter des vorausgesetzten indischen
Originals bewahrt habe. Das Auftreten des Eremiten und des
Novizen erklärt sich m. E. viel einfacher durch die Annahme, daß
S. Bernardino hier aus einer christlich-mönchischen Quelle geschöpft
hat. Daß es eine derartige Fassung wirklich gegeben hat, beweist
direkt Bareleta, der die im M.-A. viel gelesenen Vitas Patrum zitiert:
„In vitis patrum legitur. Quod quidam senior de patribus . .“
Es hat also eine Fassung der Vitae Patrum gegeben, aus der
Bareleta und wohl auch S. Bernardino schöpften, die unsere Novelle
von einem Eremiten erzählte. *)
Auch Hans Sachs scheint aus einer daraus abgeleiteten Quelle
für seine Erzählung „Der Waldbruder mit dem Esel" geschöpft
zu haben. **)

---

*) In der Ausg. von Rosweyd, Antwerpen 1615, habe ich sie aller-
dings nicht finden können.

**) Stiefel: Über die Quellen der Fabeln, Märchen und Schwänke
des Hans Sachs. Hans Sachs-Forschungen. Nürnberger Festschrift (1894)

In allen wesentlichen Zügen, in der Zahl und Anordnung der einzelnen Vorgänge stimmt Boner nur mit Etienne de Besançon überein, der ältesten bekannten lat. Fassung der Novelle, die er recht wohl benutzt haben kann.*)

53. Von einem beschinten esel.

Le novelle antiche ed. Biagi No. 142 [d'Ancona: Le fonti del Novellino Rom. III, 186].

San Bernardino da Siena. Racc. 4. [R. Köhler: Gött. Gel. Anz. 1869 p. 1761.]

Meister Ingold: Das goldene Spiel, hsg. v. Edw. Schröder, Straßbg. 1882. Elsäss. Litt.-Denkm. Bd. III. 81, 16 ff. [Schröder p. XXVIII.]

L. Reinisch: Die Sahosprache I, 256 (dies Werk war mir nicht zugänglich).

„   „   Die 'Afarsprache. Sitz.-Ber. der Wiener Ak. 111, 58. **)

Auch No. 53 gehört zu den Beispielen Bs., für die Gottschick noch 1880 (Zs. f. d. Ph. XI, 335) keine Parallelen anzugeben wußte. Lateinische Behandlungen dieses Stoffes vor Boner sind m. W. nicht bekannt geworden. Dagegen findet sich unsere Novelle in einem Werke in italienischer Sprache schon zur Zeit Bs.: in dem Novellino, allerdings nicht in dem ältesten Texte Gualteruzzis, sondern in demjenigen, den Borghini für seine Ausgabe von 1572 benutzt hat, der aber auch nicht später als die Mitte des 14. Jhs. sein kann (vgl. d'Ancona: Studj di critica e storia letteraria Bologna 1880: „Del Novellino e delle sue fonti" p. 252). Ganz genau wie Boner erzählt diese Novelle nur Meister Ingold in seinem Spielbuch (1432/3 Schröder p. XVIII), wo er manchmal sogar wörtlich mit B. übereinstimmt. Der Herausgeber hat daher mit Recht vermutet, daß er Bs. Edelstein direkt benutzt hat.

---

p. 59 nimmt für die Einführung des Eremiten freie Erfindung an, verweist aber in einer Anm. nur auf S. Bernardino, obschon ihm auch, wie mir Herr Prof. Stiefel briefl. mitteilt, die Stelle bei Bareleta längst bekannt war.

*) Bei E. de Besançon fehlt nur das Motiv, daß beide zum Markte ziehen, was B. leicht ergänzen konnte.

**) Die drei letzten Citate verdanke ich der freundlichen Mitteilung von Herrn Dr. J. Bolte. Außer den schon von R. Köhler a. a. O., Kurz zu B. Waldis III, 6 und d'Ancona a. a. O. zitierten jüngeren Parallelen macht mich Herr Prof. Stiefel noch auf Wolgemuth 271 aufmerksam.

Unsere Novelle ist später in der Änderung berühmt geworden, die m. W. zuerst bei Abstemius auftritt, daß der Esel nicht geschunden, sondern grün angestrichen wird (Gellerts Grüner Esel). Die ältere Version ist außer durch B. noch durch die jüngere Redaktion des Novellino und durch S. Bernardino vertreten. Von beiden weicht B. stark ab. Die beiden Italiener erzählen die Geschichte von einer römischen Witwe, B. von einer edlen Burg-frau. In den ital. Versionen wird ein Pferd geschunden, bei B. ein Esel. In den ital. Fassungen wird erzählt, daß eine Witwe, die sich gern wieder verheiratet hätte, aber die üble Nachrede fürchtete, drei Tage lang ein geschundenes Pferd durch die Stadt führen bezw. reiten läßt um zu erproben, wie lang das Gerede der Leute an-dauere. Bei B. giebt die Edelfrau den Befehl, um den Leuten neuen Redestoff zu geben und selber aus dem Gerede zu kommen. Bei B. fehlt also das Motiv der Wiederverheiratung, das, wie zu vermuten ist, zu den Grundbestandteilen dieser Novelle gehört. (Weshalb würde die Geschichte sonst grade von einer Frau erzählt?) Mit diesem Motiv erhält die Erzählung eine Moral, die indirekt die Wiederverheiratung der Witwen begünstigt. Nun hat aber B. ein Beispiel in seine Sammlung aufgenommen, das die entgegengesetzte Moral predigt und dringend von der Wiederverheiratung abrät:

No. 58: (Von drien witwen Rœmerin.)

58, 79: Wel vrowe verlürt ir lieben man,
mag si wol âne man gestân,
belib alsô! daz ist min rât.

Vermutlich hat B. dieses Motiv noch in seiner Quelle vor-gefunden, es aber in asketischer Tendenz beseitigt. Mehr läßt sich bei dem Fehlen älterer Parallelen über die Quelle Bs. nicht ermitteln. *)

58. Von drien witwen Rœmerin.

S. Hieronymus adversus Jovinianum I, 46 (Ausg. Vallarsi II 312). Gesta Romanorum: Innsbrucker Hs. v. 1342, hsg. v. Dick 209 — Österley 75 u. 78, [Österley zu Gesta Rom. 75 u. 78.]

*) In den 70 er Jahren hörte Reinisch unsere Novelle bei den Sahos und 'Afars in der Umgegend von Massaua und zwar bei den 'Afars in einer Fassung, die auffallenderweise nicht mit den übrigen neueren Ver-sionen, sondern mit den beiden älteren ital. übereinstimmt. Die Witwe verführt ihren Stiefsohn, sie zu heiraten, dadurch, da sie ihm am Beispiel des geschundenen Esels, der zwei Tage lang auf den Markt getrieben wird, zeigt, nach wie kurzer Frist schon das Gerede der Leute verstummt.

Dialogus Creaturarum 90. [Österley a. a. O.]

Die Antworten der drei Witwen, die aufgefordert werden, sich wieder zu verheiraten, finden sich zuerst vollständig bei Hieronymus. (Nur die Antwort der ersten Witwe bei Vincenz v. Beauvais Spec. hist. V, 107 u. S. Bernardino Racc. 10; nur die der zweiten bei G. Hollen Serm. pars hyemalis Sermo 27. H.; die der dritten Witwe bei Jacobus de Cessolis: Liber de moribus hominum . . . (ed. Köpke: Brandenburger Progr. 1879 p. 6) und bei Bromyard M. 4, 3; die der zweiten und dritten bei J. Herolt: Sermones discipuli Dial. CXVI U.) Die Gesta Rom., die Gottschick (1. Progr. p. 5) als Quelle Bs. annimmt, können überhaupt nicht in Betracht kommen, da sie (bei Österley) den Stoff auf zwei verschiedene Erzählungen mit in beiden Fassungen abweichender Einleitung und Darstellung verteilen. B. müßte den Stoff wieder genau so kombiniert, teilweise sogar erfunden haben, wie er ursprünglich war.

B. läßt die von S. Hieronymus und dem Verf. des Dial. creat. angegebenen Eigennamen der Witwen weg; sonst stimmt er grade darin mit dem Dial. creat. überein, wo dieser von S. Hieronymus abweicht, nämlich in der Reihenfolge der Antworten der Witwen, die ausdrücklich als matronae Romanae bezeichnet werden. Nun kann aber B. den Dial. creat. aus chronologischen Gründen nicht mehr benutzt haben (vgl. S. 42). Der Dial. creat. giebt als Quelle S. Hieronymus an. Unser Dichter kann ebenso gut, wie der Verf. des lat. Traktats die kleine Umstellung an der gemeinsamen Vorlage, der Erzählung des h. Hieronymus, vorgenommen haben. Daß Römerinnen gemeint waren, ließ sich auch aus den von Hieron. angegebenen altrömischen Namen erkennen (Marcia Catonis filia, Valeria, Annia). *)

70. Von einer katzen, von miusen und von einer schellen.

Odo de Ceritonia Herv. II, 633. [Österley zu Kirchhof 7, 105.]
Appendix An. Nev. Herv. II, 424. [Robert: Fables inédites I, 99.]
Bozon: Contes moralisés No. 121 lat. Übers. p. 211.
Dialogus creaturarum 80. [Robert a. a. O.]
Bromyard: Summa predicantium O. 6, 71 fo, 262 r⁰. [Österley zu Pauli 634.]
(Jüngere Parallelen bei Robert und Österley a. a. O.)

*) S. Bernardino beruft sich auf San Gregorio.

Wir haben S. 19 ff. wahrscheinlich zu machen gesucht, daß
B. für diese Erzählung die Appendixfabel benutzt hat.

71. Von einem slangen was gebunden.

Petrus Alfonsi: Disciplina clericalis c. 7, 4—6 [ed. Val. Schmidt p. 118].
Gesta Romanorum, Hs. v. 1342 c. 57 Österley c. 174 [V. Schmidt
a. a. O.]
J. Junior: Scala celi unter femina fo. 78 r⁰ [Österley zu Gesta
R. 174],
Bromyard: Summa predicantium G. 4, 21 fo. 144 v⁰. [Österley
a. a. O.]

Österley zu Gesta R. 174 verweist auch noch auf Dial. creat.
24; hier wird aber nur auf die Fabel von der erstarrten und wieder-
belebten Schlange angespielt. Ebensowenig gehört Prior additio
Odonis (Herv. II, 680, zitiert von Herlet Progr. p. 108) hierher.
Es handelt sich an dieser Stelle um eine dritte Variation des
Themas von der undankbaren Schlange: Ein Ritter trennt zwei
kämpfende Schlangen und soll zum Lohn dafür getötet werden.

Schon V. Schmidt (Anm. zur Disc. Cler. p. 118) hat gezeigt,
daß die Gesta Rom. Bs. Quelle nicht gewesen sein können. B.
stimmt darin, wo die G. R. von der Disc. Cler. abweichen, mit
dieser überein. In den G. R. ist der Retter der Schlange ein
„*imperator*", der Richter ein „*philosophus*", bei Petrus Alf. tritt
ein „*quidam*" und eine „*vulpes*" auf; ebenso bei B. „ein man" —
„der vuchs". Das Sprichwort in der Disc. Cler., das in den
Gesta R. fehlt: „*Qui pendulum solverit, super eum [ruina] erit*"
lautet bei B. 71, 61:

> wer ab dem galgen lœst den diep,
> dar nâch hât er ihn niemer liep.

J. Junior folgt der Disc. Cler. viel genauer als die G. R. *(„Item
refert Petrus Alphonsi.")* Wo er aber von seiner Quelle abweicht,
folgt B. der Disc. Cler. Auch bei J. Junior fehlt das Sprichwort.
Das Gespräch zwischen Schlange und Mann (Disc. Cler. = B. 71,
22—32) ist in der Scala celi ausgelassen. Sie sagt ganz kurz:
„*Cum autem homo ipsum reprehenderet nec propter hoc desisteret
serpens, requirit iudicium vulpis.*"

Bromyard giebt nur kurz den Inhalt der Erzählung an. Vom
Fuchs ist gar keine Rede. Zug für Zug folgt unser Dichter der

Darstellung der Disc. Cler., aus der er zweifellos direkt geschöpft hat. *)

72. *Von bevelhunge des guotes.*

Valerius Maximus: Factorum et dictorum memorabilium libri. 7, 3 exter. 5 (ed. Kempf 1854 p. 561 [Österley zu Pauli 113].
Joh. Gallensis : Communiloquium I. 4, c. 3. [Österley a. a. O.]
J. Junior : Scala celi unter advocatus fo. 7 v⁰. [Österley a. a. O.]
Gottschalk Hollen : Sermonum Pars estivalis Sermo 16, H.
[Disc. Cler. 16, Gesta R. 118 und Bromyard R., 6, 1 : Einer, der einen Schatz zur Aufbewahrung erhalten hatte, konnte nur durch eine List zur Herausgabe veranlaßt werden. Also keine Parallelen zu B. 72.]

Für Bs. Novelle giebt es schon eine Parallele aus der antiken Litt., die zwar schon von Österley a. a. O. verzeichnet, aber bisher noch nicht beachtet worden ist. **) Valerius Maximus erzählt unsere Geschichte von keinem Geringeren als Demosthenes. Boner und J. Junior haben diesen Namen weggelassen. Sonst berührt sich B. aber mehr mit Val. Max. als mit den mittellat. Bearbeitern. Der eine der beiden Kaufleute weiß der Frau den Schatz zu entlocken, indem er ihr vorschwindelt, sein Gefährte sei gestorben. Bei J. Junior heißt es einfach : „ . . *accessit ad eam, quam verbis decipiens recipiebat depositum.*" Wie Übersetzung von Val. Max. : „*Supervenit deinde alter et depositum petere coepit*" klingt B. 72, 38 :

„dar nàch vuogt ez sich von geschicht,
daz der ander geselle kan,
und ouch daz guot vordren began."

Von den mittellat. Versionen dieser Novelle könnte nur die des Joh. Gallensis von B. benutzt sein. ***) Doch weicht dieser Schriftsteller an einer Stelle beträchtlich ab. Er deutet nämlich die Worte des Val. Max. „*iamque* (scl. femina) *de laqueo et suspendio cogitabat*" dahin, die Frau sei schon zum Tod verurteilt worden ; ein Zug, den sich B. jedenfalls nicht hätte entgehen lassen. Ebensowenig erwähnt Joh. Junior davon etwas.

---

*) Zu demselben Resultate kommt Schmidt a. a. O. und Gottschick 1. Progr. p. 5.
**) Gottschick hatte ohne Weiteres Joh. Junior für die Quelle Bs. erklärt.
***) Theologe in Oxford u. Paris ca. 1270—1300. Chevalier p. 1193.

Es wird demnach wahrscheinlich eine mittelalterliche lat. Bearbeitung dieser Erzählung des Val. Max, der selber im M.-A. sehr viel gelesen wurde, gegeben haben, die Einzelnes beseitigte, manchen Ausdruck des Originals aber beibehielt. Sie wurde wahrscheinlich sowohl von B. wie von J. Junior benutzt; von diesem stark verkürzt, von jenem ausgiebiger und im Einzelnen getreuer ins Deutsche übertragen. *)

74. Von drin gesellen wâren koufliute.

Petrus Alfonsi: Disc. Cler. 20, 1—8. [V. Schmidt p. 143.]
Martinus Polonus: Promptuarium exemplorum. Ex. de mala societate E.
Vatikan. Hs. des 13. Jhs.: De clericis et rustico" hsg. v. Wattenbach. Anz. f. Kunde der deutschen Vorzeit. Nürnberg (1875) 22, 343.
Liber de abundantia exemplorum. Pars 7: De timore periculorum. Speculum morale. Bd. I l. I, 1, 27 fo. 33 v⁰. [Österley zu Gesta R. 106.]
Nicole Bozon: Contes moralisés 141.
Gesta Romanorum. Hs. v. 1342 No. 172. Österley 106 [V. Schmidt a. a. O.]
J. Junior: Scala celi unter Deceptio fo. 66 r⁰. [Österley a. a. O.]
Bromyard: Summa predicantium E, 8, 14 fo. 110 r⁰. [Österley a. a. O.]
Gerhard v. Minden, hsg. v. Seelmann No. 91.
Gottschalk Hollen: Serm. pars estiv., Sermo 44, E.
Die Erzählung steht auch in einer nicht veröffentlichten lat. Exemplasammlung (Pariser Hs. des 13. Jhs.), die sich für das Werk Jakobs v. Vitry ausgiebt, aber nur wenige von seinen Exempla enthält. Vgl. Crane p. L und LI Anm.]

Unsere Novelle von dem Traumbrod, wie sie Österley überschreibt, stammt aus dem Orient und wurde durch die Bearbeitung des (1106) getauften spanischen Juden, der sich nunmehr Petrus Alfonsi nannte, im Abendland verbreitet. Auf ihn gehen im Grunde alle europäischen Bearbeitungen zurück. Wir haben hier zu untersuchen, ob B. aus dieser Quelle direkt geschöpft, oder eine Bearbeitung benutzt hat.

*) Joh. Gallensis hat Val. Max., den er auch genau zitiert, wohl direkt benutzt. Seine Erzählung ist dann von G. Hollen wörtlich abgeschrieben worden.

In dem ca. 1300 verfaßten (Hist. litt. 29, 646), unter dem Namen Alberts des Großen gedruckten Liber de ab. ex. wird kurz auf „petrus alfungus" und seine Erzählung verwiesen. Die distichische Bearbeitung in einer vatik. Hs. des 13. Jhs. kann für B. nicht in Betracht kommen, weil sie die ganze Erzählung in Dialog aufgelöst hat. Val. Schmidt hat (a. a. O.) den Nachweis geführt, daß B. nur die Disc. Cler. selbst, nicht die Gesta R. benutzt haben kann, da er auch da, wo sie abweichen, der Disc. Cler. folgt. Da wir uns mit der franz. Erzählung Bozons nicht weiter zu beschäftigen brauchen, die übrigen Parallelen aber jünger sind als das Beispiel Bs., haben wir nur noch zwischen der Fassung der lat. Erzählung bei Martin v. Troppau und Petrus Alfonsi zu entscheiden. (Das Spec. mor. stimmt Wort für Wort mit Martin v. Troppau überein, und auch die Scala celi zeigt dieselben Abweichungen von Petrus Alfonsi wie dieser Schriftsteller.) Auch hier ergiebt sich, daß B. nur das Original nicht aber die Bearbeitung Martins v. Troppau benutzt haben kann.

> Petr. Alf.: „ . . . causa orationis Meccam adeuntibus".
> B. 74, 8: „wallende wolten si dô gàn."
> M. Pol.: „ . . . cum irent per desertum."
> Petr. Alf.: „dictum est . . . quod essent socii victus."
> B. 74, 1: „ . . . kâmen überein,
>   daz ez solt allez sîn gemein,
>   ir zerung und ir spise guot;"

Fehlt bei M. Pol.

> Petr. Alf.: „ . . . noster multum comedit socius."
> B. 27: „der gebûre æz wol allen tag;
>   vil kum man in gesatten mag."

Fehlt bei M. Pol. Und anderes mehr!

Überall, wo M. Pol., das Spec. mor. und Joh. Junior von der Disc. Cler. abweichen, folgt B. der Fassung des Originals nach Inhalt, manchmal auch im Ausdruck. Die 20. Novelle der Disc. Cler. ist zweifellos die direkte Quelle Bs.

76. Von einem hoger und einem zolner.

Petrus Alfonsi: Disc. Cler. 8, 2—4 [Val. Schmidt p. 121].
Etienne de Besançon: Alphabetum narrationum unter Debitum (bei Paul Meyer zu Bozon p. 256).
Liber de abundantia exemplorum Pars 6. De timore peccati.

Speculum morale Bd. II 1. III, 2, 20 fo. 34 r⁰. [Gottschick Zs. f.
    d. Ph. XI, 325.]
Tractatus de diversis hystoriis Romanorum c. 43.
N. Bozon: Contes moralisés 63.
Ci nous dit (P. Meyer zu Bozon p. 257 Anm. 1).
Joh. de S. Geminiano: Conciones p. 4
Gesta Romanorum Hs. v. 1342 No. 58. Österley c. 157 [V. Schmidt
    a. a. O.]
G. Hollen: Serm. pars estiv. Sermo 22, K.

Der Verf. des Liber de ab. ex. und der der franz. Kompilation, die unter dem Namen „Ci nous dit" bekannt ist (14. Jh.
vgl. Rom. 16, ü67), spielen nur kurz auf die Erzählung des Petr.
Alf. an. Die Parallele bei Etienne de Besançon ist mir nur durch
die Bemerkung von P. Meyer bekannt, wonach diese Fassung stark
mit der der Gesta Rom. übereinstimmt.

B. erzählt diese Geschichte von einem Grafen, der nach einem
Brauche von allen Passanten für jedes Gebrechen, mit dem sie
behaftet waren, einen Brückenzoll von 1 Pfennig erheben ließ.
Diese Einleitung findet sich in keiner der bekannten Quellen wieder.
Bei Petr. Alf. bittet ein *versificator* den König, ihn zur Belohnung
für seine Verse diesen Zoll und zwar am Stadtthor erheben zu
lassen, nur einen Monat lang. Bei Joh. de S. Geminiano kehrt der
versificator als *clericus* wieder, alle übrigen lassen einen Pförtner
(ianitor, portarius, portitor; Bozon: *sergeant)* den König (in den
G. R. Kaiser) darum bitten. Außerdem findet sich für die Reihenfolge, in der in dem Beispiele Bs. die Gebrechen an dem wider-
spenstigen Passanten entdeckt werden, kein Analogon in der
sonstigen Überlieferung. (Er ist bei Petr. Alf. und den anderen
einäugig, B. macht ihn ganz blind.) B. weicht so stark von allen
bekannten Versionen ab, daß man mit Sicherheit keine von ihnen
als direkte Quelle angeben kann. *)

    82. Von einem pfäffen und von einem esel.

Jacobus de Vitriaco 56.
J. Junior: Scala celi unter Cantus vanus fo. 23 r⁰. [Österley zu
    Pauli 576.]

---

*) Das Spec. mor., der Tractatus und Joh. de S. Geminiano scheinon
aus derselben Quelle geschöpft zu haben, da sie den armen Wanderer mit
neuen Gebrechen: Hinken und Stammeln behaften. Auch im Novellino

Trierer Hs. (saec. 15) des Avian von L B G Herv. III, 850.

Gottschalk Hollen: Sermonum pars est. 4, H.

„　　　„　　　„　　„ hyem. 7, E.

„　　　„ De dedicatione ecclesiarum Sermo 3, F.

[Über die weitere Verbreitung dieser Novelle Österley a. a. O., Kurz zu Wickrams Rollwagenbüchlein No. LXIII u. Crane zu No. 56.]

Bei dieser humoristischen Erzählung ist das Verhältnis der lat. Bearbeitungen zu einander sehr durchsichtig. Sie gehen alle auf Jakob von Vitry zurück, den J. Junior als Quelle zitiert, und den sie alle fast wörtlich abschreiben. Um so schwieriger ist es für uns zu erkennen, ob B. diesen Schriftsteller selbst oder eine Bearbeitung benutzt hat. Außer Jakob von Vitry könnte der Abfassungszeit nach nur die Scala celi vielleicht noch in Betracht kommen. An und für sich schon ist es wahrscheinlicher (bei dem langsamen litterarischen Verkehr im M.-A.), daß B. das Exemplum Jakobs v. Vitry, dessen Sammlung schon ein Jahrhundert im Umlauf war, benutzt hat als die Scala celi, das Werk eines Zeitgenossen. An einer Stelle scheint mir B. auch in diesem Beispiel der Fassung Jakobs v. V. näher zu stehen als der des Joh. Junior.

(Die Frau sagt zu dem Pfaffen:) J. de V.: „*quando vos audio cantare, statim ad memoriam reduco, quod asinus meus ita cantare solebat.*"

B. 82, 33: wenn ir singent sô gar hêrlich,
sô ist iuwer stimme gelich
der stimme, die min esel hât:
sô manent ir mich ûf der stät
an mînen esel . . .

J. Junior: „*quando vos audio cantantem, statim innovatur dolor in corde meo, quia omnino sic cantabat asinus meus.*"

Wir dürfen wohl auch für diese Erzählung das entsprechende Exemplum Jakobs v. Vitry als direkte Quelle Bs. bezeichnen.

85. Von einem ritter der wart ein münch.

Jacobus de Vitriaco No. 53. [Lecoy de la Marche zu Et. de Bourbon p. 382.]

Etienne de Bourbon No. 443. [Crane zu J. de V. 53.]

wird diese Novelle erzählt und zwar von einem Kaiser und einem seiner Barone. Vgl. d'Ancona: Romania III, 174 mit Nachweisungen.

Speculum morale Bd. II l. III, 7, 13 fo. 139 v⁰. [Österley zu
Pauli 111.]
Gottschalk Hollen: Serm. p. est. sermo 37 F.
„   „   „   „   „   96 F.
Joh. Major: Magnum Speculum exemplorum p. 652.
[Jüngere Parallelen bei Lecoy de la Marche und Crane a. a. O.]
Auch diese Novelle findet sich zuerst bei Jakob v. Vitry.
Die Erzählung bei Whright: Latin stories 40, die Österley zitiert,
ist eben dieses Exemplum nur mit einigen Textvarianten. Der
Verf. des Spec. mor. hat hier, wie so oft, aus dem Liber de septem
donis spiritus sancti des Et. de Bourbon abgeschrieben und sogar
die Berufung auf Jakob v. Vitry mit übernommen. Gottschick hat
(Zs. f. d. Ph. XI, 331) durch die Vergleichung von B. mit dem bei
Wright gedruckten Texte gezeigt, daß B. fast Satz für Satz diesen
Text — der, wie wir jetzt wissen, der Jakobs v. Vitry ist —
übertragen hat. Wenn man in gleicher Weise Et. de Bourbon und
die Version des Spec. mor. mit B. vergleicht, findet man, daß
unser Dichter überall der Fassung Jakobs v. Vitry näher steht und
ihr auch da folgt, wo die lat. Bearbeiter abweichen: so darin, daß
der Ritter nach seiner Rückkehr von dem Abte zur Rechenschaft
gezogen wird, während ihm bei Et. de Bourbon und im Spec. mor.
ein Laienbruder, der mit ihm auf dem Markte ist, Vorwürfe macht.
Auch für diese Novelle hat B. unmittelbar aus Jakob v. Vitry
geschöpft.

87. Von einem edelen steine eins keisers.

Talmud — Tamid IV, 32. [Deutsche Übers. bei Zacher: Iter ad
parad. p. 17.]
Alexandri M. iter ad paradisum, ed. Zacher Königsberg 1859 p. 26 ff.
[Gottschick: Zs. f. d. Ph. XI, 333 Anm.]
Lamprechts Alexander ed. Kinzel v. 7114—7152. [Kinzel Anm.
p. 517.]
Faits des Romains (Recueil des historiens des croisades publié
par les soins de l'acad. des inscr. et belles lettres II (1859)
p. 586 ff. [P. Meyer: Alexandre le Grand dans la litt. franç.
du m-à II, 356.]
Redaktion des afz. Alexanderromans. [P. Meyer II, 353 Inhalt.]
Martinus Polonus: Promptuarium exemplorum: Ex. de morte. P.
Liber de abundantia exemplorum. Pars V. De memoria mortis.

Tractatus de diversis hystoriis Romanorum c. 42.
Petrus de Palude (?) Thesaurus novus. Serm. 56 p. 479.
Bromyard: Summa predicantium M, 11, 121 fo. 228 r⁰ [Gottschick
a. a. O.]
Gottschalk Hollen : Serm. pars estiv. Serm. 11, C.

Bs. 87. Beispiel gehört zur Alexandersage und zwar zu demjenigen Teile, der spezifisch jüdischen Ursprungs ist. *)

Im Talmud wird der Zug Alexanders nach dem Paradiese
erzählt. Am Thore des Gartens Eden erhält der König eine Kugel,
von der dasselbe berichtet wird wie von dem Edelstein bei B. Sie
wiegt alles Gold und Silber auf. Alexander fragt die Rabbinen,
was das bedeute. „Es ist der Augapfel", antworten sie, „aus
Fleisch und Blut, der nimmer gesättigt wird." Zum Beweise
bedecken sie die Kugel mit etwas Staub, und ihre wunderbare
Kraft ist verloren. **)

Die mittelalterlichen Bearbeiter dieser jüdischen Sage fassen
das Geschenk als Edelstein auf. Ein Rest der originalen Version
ist aber noch in der Angabe zu erkennen, daß der Stein einem
menschlichen Auge gleich gewesen sei, die sich im Iter ad p.,
bei Lamprecht 7137 und im Thesaurus novus findet, einer Predigt-
sammlung, die — wohl mit Unrecht — dem franz. Dominikaner
Pierre de la Palu († 1842 vgl. Wetzer u. Welte IX, 1321) zugeschrieben wird. Nach den Faits des Romains (histor. Kompilation
über Caesar aus der ersten Hälfte des 13. Jhs., in die auch die
Fahrt Alexanders nach dem Paradies eingeschoben ist) ist ein Auge
auf den Stein eingegraben.

Ihre Verbreitung verdankt die jüdische Sage einer lat. Bearbeitung wahrscheinlich aus der ersten Hälfte des 12. Jhs., dem
Iter ad par. Hier wird erzählt, wie Alexander auf dem Paradies-
flusse fahrend, an eine große, fest vermauerte und unzugängliche
Stadt kommt und Leute nach ihr ausschickt. Ein Greis erscheint
an einem kleinen Fenster und gebietet ihnen sowie ihrem Herrn
von der Stadt der Seligen zurückzuweichen. Für Alexander giebt

---

*) Vgl. Zacher: Iter ad par. p. 16. H. Vogelstein: *Adnotationes quae-
dam ex litteris orientalibus petitae ad fabulas, quae de Alexandro M. circum-
feruntur.* Diss. Breslau 1865 p. 14 ff. u. 26. — Lévi: Revue des études
juives II, 298 ff. und VII, 78. — P. Meyer II, 47 ff. u. 356 ff.
**) Nach der Übersetzung von Lévi: Rev. des ét. juives II, 298, der
die von Zacher angeführte Übertragung (Totenkopf statt Kugel, Augapfel)
als falsch zurückweist. Für die Deutung Lévis spricht auch das Folgende.

er ihnen einen Edelstein mit; wenn er dessen Kraft ergründet habe, werde er von seiner Ruhmsucht ablassen. Al. kehrt zurück und beruft die Weisen, den Stein zu erklären. Nur einem alten Juden gelingt es in der Weise, wie auch unser Dichter erzählt. Lamprecht schließt sich im Straßburger Texte sehr eng an diesen Bericht an. Der Baseler Text weicht aber darin ab. daß schon der Greis an der Paradiesstadt jene Erklärung selber giebt. (Kinzel p. 378 zu v. 7138.) Dieselbe Änderung findet sich auch in einer — wahrscheinlich aus dem 13. Jh. stammenden — Redaktion des franz. Alexanderromans in Alexandrinern. Hier, wie überhaupt in allen folgenden Bearbeitungen des Stoffes, ist bezeichnenderweise der zur Deutung berufene alte Jude entweder ganz beseitigt, oder durch einen harmloseren *sapiens* (in den franz. Versionen : Aristoteles) ersetzt. Außer Lamprecht folgen dem Iter ad p. in allem Wesentlichen die Redaktion des franz. Romans und der Thesaurus novus. Etwas ausführlicher und besonders in der Einleitung abweichend erzählen die Faits des Romains. Bei M. Polonus, mit dem der Verfasser des Tractatus de div. hyst. Rom. hier fast wörtlich übereinstimmt, erscheint der Greis dem König selber auf einem Felsen am Ufer und giebt ihm den Stein zugleich mit der Erklärung. B. hat von der ganzen Einleitung, der Fahrt nach dem Paradies kein Wort. Er erzählt auch nicht von Alexander, sondern von einem Kaiser schlechtweg. Ohne die Einleitung, aber mit dem Namen Alexanders findet sich die Erzählung von der Wunderkraft des Steines bei Bromyard, den Gottschick mit B. zusammenstellt. Nun kann Bromyard aber aus chronologischen Gründen nicht Bs. Quelle gewesen sein. Unsere Novelle finde ich aber außerdem noch in der für die Quelle Bs. vorauszusetzenden Version in zwei anderen lat. Werken, die sich beide auf Gesta Alexandri M. berufen : in dem Liber de abundantia exemplorum und bei Hollen. Von beiden ist der Liber de ab. ex. älter wie B. (Ende des 13., Anfang des 14. Jhs.) Nichts hindert, in diesem Werke die direkte Quelle Bs. zu erblicken.

89. Von einem esel und drin bruodern.

San Bernardino da Siena Racc. 25. [R. Köhler : Gött. Gel. Anz. 1869 p. 1766.)

[Jüngere Parallelen : Österley zu Kirchhof 7, 125 und Pauli 575. Herr Dr. J. Bolte hatte die Güte, mich außerdem noch auf

L. H. v. Nicolay: „Der Esel und die drei Herren" Verm.
Ged. u. pros. Schriften I, 28 (Berlin 1792) aufmerksam zu
machen.]

Von dieser heute so bekannten Erzählung von dem Esel, der
drei Brüdern gehört und von keinem Futter bekommt, ist bisher
keine frühere Bearbeitung gefunden als die Bs. *)
Nach B. findet sich dieser Stoff zuerst wieder bei S. Bernardino (1426); aber in sehr abweichender Fassung: Drei Städte in
der Lombardei haben gemeinschaftlich eine Mühle und einen Esel,
der abwechselnd je einen Tag lang von ihnen benutzt wird. Der Esel
bekommt kein Futter, aber desto mehr Prügel „. . in conclusione,
il quarto di l'asino era scorticato." Da ältere Parallelen fehlen,
wäre es gewagt, über die Quelle Bs. etwas auszusagen. Der ital.
Volksprediger hat natürlich den deutschen Dichter nicht gekannt.
Die Geschichte scheint inzwischen schon so populär geworden zu
sein, daß sie lokalisiert werden konnte. Die neueren Bearbeiter
des Stoffes haben sich der Fassung Bs. angeschlossen.

92. Von einer nachtegal, wart gevangen.

Barlaam und Josaphat. (Joh. Damasceni opera Basel 1575 p. 831.)
    [V. Schmidt: Disc. Cler. p. 151.]
Abkürzung in einer Brüsseler Hs. (saec. 15). Bull. de l'ac. de
    Bruxelles X, 2 (1843) p. 341.
Petrus Alfonsi: Disciplina Clericalis 23, 1—6 [Österley zu
    Kirchhof 4, 34].
Jacobus de Vitriaco 28.
Jacobus de Voragine: Legenda aurea ed. Grässe (1846) p. 815.
    [V. Schmidt a. a. O.]
Vincenz v. Beauvais: Spec. hist. 15, 12 fo. 185 r⁰.
Guibertus Tornacensis: Serm. fo. 52 r⁰.
Gesta Rom. Hs. v. 1342 c. 114 u. 190. Österley 167. [V. Schmidt
    a. a. O.]
J. Junior: Scala celi unter Avaricia fo. 16 v⁰. [Österley a. a. O.]
Hs. Odos de Cer. Herv. II, 595. [Herlet Progr. p. 12.]
Dialogus Creaturarum 100. [Österley a. a. O.]

---

   *) Auch Crane sagt Proceedings of the American philosophical Soc.
21 (1883) p. 76: „for the last two (S. Bern. 17 u. 25) we have found no
parallels." Gottschick kennt überhaupt keine Parallelen zu dieser Erzählung.

Bromyard: Summa predic. M, 11, 78 fo. 222 v⁰, [Österley a. a. O.]
Meister Ingold: Das goldene Spiel 25, 15.
[Parallelenverzeichnisse bei Schmidt, Österley, Herlet a. a. O.;
Österley zu G. R. 167, Zacher Zs. f. d. Ph. 11, 341, Crane
zu J. v. Vitry 28.]

Diese Erzählung verdankt ihre außerordentliche Beliebtheit
ihrer sinnigen Form und ihrem moralisch-praktischen Gehalt. Sie
ist indischer Herkunft und wurde im Abendlande verbreitet durch
die Lebensgeschichte des h. Josaphat, des christianisierten Buddha.
Von der griech. Version, die man dem Joh. Damascenus zuschrieb,
war im M.-A. eine lat. Übersetzung im Umlauf. Aus ihr sind alle
anderen europäischen Versionen abgeleitet. Auch B. folgt der
gewöhnlichen Überlieferung; daher kann hier Petr. Alfonsi, der
eine etwas andere Einkleidung der Fabel hat und auch sonst abweicht, nicht in Betracht kommen.

Aus chronologischen Gründen sind auszuschließen der Dial.
creat. und Bromyard, die nur kurz den Inhalt der Fabel angaben.
Die übrigen lat. Parallelen sind mehr oder minder genau aus dem
lat. Barlaam und Josaphat abgeschrieben. *)

Gottschick hat, ohne sich um die älteren fast gleichlautenden
Darstellungen zu kümmern, nur die Gesta Rom. in Betracht gezogen.
(1. Progr. p. 7 u. Zs. f. d. Ph. XI, 324.) Sieht man aber näher
zu, so ergiebt sich, daß alle Züge, in denen B. mit den G. R. übereinstimmt, sich sowohl im lat. Barlaam und Josaphat wie in den übrigen
vollständigen Versionen der Fabel finden *(avicula nomine philomena*
= B. 1—3; *verbo incredibili numquam credas* = B. 13, 14;
margarita, que strucionis ovum vincit magnitudine = B. 42.)
Da, wo die G. R. aber abweichen, folgt ihr B. nicht, sondern hält
sich an die gewöhnliche Überlieferung: (G. R.: Die befreite Nachtigall stimmt sofort ein Lied an, der Jäger stellt ihr Netze; ausgelassen ist von dem Verf. der G. R.: „*cum non valeas itinere
meo pergere*" = B. 64 „min weg und din sint ungelich." Grade
die G. R. können also Bs. Quelle nicht gewesen sein. **)

---

*) Jac. de Voragine, J. Junior und Bromyard berufen sich auf diese
Quelle.

**) Außer in diesen Abweichungen haben die G. R. hier aus der
Legenda aurea abgeschrieben. Vincenz v. Beauvais hat wörtlich das Kap.
der lat. Barl. u Jos. übernommen und Guibert v. Tournay folgt dem
exemplum Jakobs von Vitry.

Von allen Darstellungen weicht B. ab in der Reihenfolge der Lehren der Nachtigall. Diese leichte Änderung wird er wohl selbständig vorgenommen haben. In den lat. Barl. und Jos. haben wir, wenn nicht die direkte Quelle Bs., so doch einen Text, von dem auch die Vorlage Bs. nur unmerklich abgewichen sein kann.

94. Von einem der konde diu swarzen buoch.

Martinus Polonus: Promptuarium exemplorum. Ex. de penis inferni Z.
Liber de abundantia exemplorum Pars II. De carentia bonorum in damnatis.
Speculum morale. Bd. II l. III, 7, 2 fo. 122 v^0.
J. Junior: Scala celi unter amicicia fo. 11 r^0. [Gottschick Zs. f. d. Ph. XI, 327.]
Bromyard: Summa pred. D. 11, 19 fo. 89 v^0 und H. 4, 9 fo. 151 v^0. [Gottschick 1. Progr. p. 11 u. Zs. f. d. Ph. XI, 334.]
Jüngere Parallelen bei Dunlop-Liebrecht p. 501.

Gottschick führt als älteste Parallele dieser Erzählung die Scala celi an, mit der er B. vergleicht. J. Junior selbst ist schwerlich Bs. Quelle gewesen, da er frühestens zu derselben Zeit wie unser Dichter schreibt. Unsre Novelle findet sich aber schon in drei älteren lat. Werken: In der Exemplasammlung des berühmten Chronisten Martin v. Troppau († 1279), im Spec. mor. und im Liber de ab. ex. Von ihnen steht M. v. Troppau dem Beispiele Bs. am nächsten, näher auch als J. Junior. B. stimmt nämlich auch da mit M. v. Troppau überein, wo die Scala celi nichts Entsprechendes bietet.

M. v. Tr. nennt den Zauberer: *nigromanticus,* B. 94, 5: „nigromanzie kond er wol." Fehlt in der Sc. c.

M. v. Tr.: *„fecit ci per incantationem videri quod . . . ad eum venirent nuncii . post milites eum rapientes et imperatorem facientes eum."*

B. 94, 21: „der meister bràcht mit listen zuo
daz sin gesellen dûchte duo,
wie wol geritten drîzig man
zuozim kæmen ûf den plan
und tætin alle dem gelich,
wie er wær ein künig rich
und gewaltig wær in Kipperlant."

(Bei M. v. Tr. wird er Kaiser von Konstantinopel.) Sc. c.:
„*per quandam incantationem ostendit sibi quod esset imperator.*"
M. v. Tr.: „*rogavit eum magister suus ut recordaretur
promissi.*"
  B. 94, 32: „hêrre, gedenkent dar an
      daz ir mir lobtent . . ."
Sc. c.: „*Quem magister rogabat, ut sibi promissum impleret.*"
M. v. Tr.: „*Cumque ille diceret se nescire quis esset, intulit:
Ego sum ille qui vobis dedi hec omnia.*"
  B. 94, 44: „wer ir sint, des weiz ich nicht."
    der meister antwurt unde sprach :
    47: „ich bin der, der iu diz hât geben."
Sc. c.: „*quem discipulus se scire negabat . cui magister:
haec omnia vobis dedi.*"

  Mit M. v. Tr. stimmt auch der Liber de ab. ex. überein ; nur
an einer Stelle weicht er merklich ab, indem er die Erzählung von
den Boten und den Reitern und der feierlichen Einführung des
neuen Herrschers in sein Reich ausläßt, die von Boner benutzt ist.
Die gemeinsame Quelle der drei lat. Versionen ist wahrscheinlich
Etienne de Bourbon, den J. Junior auch zitiert *(„Dicitur in libro
de septem donis spiritus sancti"),* und den auch M. v. Troppau
und der Verf. des Liber de ab. ex. häufig benutzen. (Vgl. Crane
p. LXXVI u. XCVI.) Leider ist dieses Exemplum in der allerdings sehr unvollständigen Ausg. v. Lecoy de la Marche nicht abgedruckt. Von den bekannten lat. Versionen könnte nur die Martins
v. Troppau die Quelle Bs. gewesen sein.

95. *Von zwein die mit gåben wolten gesigen.*

Speculum morale Bd. II 1. III, 7, 13 fo. 139 r⁰.
J. Junior: Scala celi unter Balivus fo. 18 v⁰. [Österley zu Pauli 125.]
Bromyard: Summa pred. A, 14, 4 fo. 14 v⁰. [Österley a. a. O.]
Joh. Herolt: Promptuarium exemplorum Ex. de J. 42. [Österley
  a. a. O.]
Gottschalk Hollen: Serm. pars est. Sermo 16 E.
Joh. Major: Magnum spec. ex. unter Advocatus Ex. 2.
[Die beiden letzten Citate sind Parallelen zu Pauli 125, die Österley
  nicht verzeichnet: Der eine giebt dem Richter einen Wagen,
  der andere ein Pferd bezw. einen Ochsen.]
  Direkt könnte von B. nur das Spec. mor. benutzt sein, aber
hier fehlen gerade solche Züge, die sich sowohl bei B. wie bei den

späteren Schriftstellern finden. Am nächsten steht dem Beispiel Bs. J. Junior (mit B. verglichen von Gottschick Zs. f. d. Ph. XI, 327) und J. Herolt (Anfang des 15. Jhs.) Beide scheinen aus derselben Quelle geschöpft zu haben. Auch unser Dichter scheint dasselbe Original benutzt zu haben. Vielleicht ist es das Werk Etiennes von Bourbon, das von J. Junior häufig zitiert, von dem Verf. des Spec. mor. noch häufiger benutzt, aber nicht zitiert wird (vgl. Ausg. Etiennes v. B. von Lecoy p. 133 Anm. 2 u. Gröbers Grundriß II, 1, 248). *)

96. Von einer katzen, wart besenget.

Odo de Ceritonia 64. Herv. II, 648. [Herlet Progr. 48.]
Prior additio Odonis. Herv. II, 689. [Voigt Zs. f. d. A. 23, 302.]
Jacobus de Vitriaco 209. [Crane Anm. p. 219.]
Hs. v. Tours 205, vgl. Lecoy de la Marche zu Et. de Bourbon p. 388 Anm.
N. Bozon: Contes moralisés 53.
Bromyard: Summa pred. O, 7, 18 fo. 265 r⁰. [Gottschick Zs. f. d. Ph. XI, 333.]

Die Geschichte von der schönen Katze, der das Fell verunstaltet wird, um sie vor Gefahren zu behüten, findet sich in sehr verschiedenen Fassungen. Fast allen gemeinsam ist in echt mittelalterlichem Geiste die Nutzanwendung auf die Frauen. Zuerst wird unsere Fabel von Odo de Ceritonia erzählt, — wenigstens druckt sie Hervieux unter den ächten Fabeln Odos ab — der berichtet, daß der Kater nach dem Rate eines Freundes auf diese Weise seine ungetreue Gattin zum Daheimbleiben veranlaßt habe. In den anderen Fassungen ist für den Kater der Besitzer der Katze eingetreten. In der Prior add. Odonis, bei J. v. Vitry, Bozon ist das Umherschweifen der Katze bei den Katern der Nachbarschaft der Grund. Von einer Besitzerin redet eine Anekdote (bei Lecoy a. a. O.), die zeigt, daß die gebrannte Katze schon in der ersten Hälfte des 13. Jhs. sprichwörtlich geworden war: *„Episcopus Guillelmus Parisiensis (1228—48) visitando diocesim suam, declinavit ad quendam villam combustam, et predicavit eis quod*

---

*) Der Witz dieser Novelle ist zum Sprichwort geworden: Erasmi Rot. Adagiorum Epitome. Amsterdam 1650 p. 419. Novarini: Adagia . . . Verona 1651 II, 603: „Bovem in lingua habere" (von beiden falsch gedeutet). Wander III, 1100 No. 170 und III, 1110 No. 404.

Dominus fecerat eis sicut vetula cato suo, que comburebat pellem cati, non quia odiret, sed ne dimitteret; et sic fecerat eis. Et fuerunt valde edificati." *(?)* Hier liegt schon ein anderes Motiv vor, die Furcht der Besitzerin, die Katze zu verlieren. In dieser Richtung weitergebildet, erscheint die Erzählung bei B., wo der Besitzer fürchtet, seine Katze durch die Nachstellungen des Nachbarn, der nach ihrem Felle lüstern ist, zu verlieren. *)
Ganz dasselbe erzählt Bromyard von dem Besitzer eines Füllen und spielt in der Moral auf die Geschichte von der versengten Katze an: *„scientes quod cattus adustus non libenter evagatur"*, allerdings in einer Fassung, die die Fabel, die Bromyard im Sinne hat, in die Reihe der anderen Versionen des Stoffes verweist. Bromyards Quelle kann daher nicht — wie Gottschick a. a. O voreilig geschlossen hatte — auch die Bs. gewesen sein.

97. Von einem kinde, hiez Papirius.

M. Porcius Cato bei Gellius Noct. Att. I, 23. [Österley zu Pauli 392.]
Macrobius: Saturnalia I, 6, 19—25. [Österley a. a. O.]
Jacobus de Vitriaco 235.
Vincenz v. Beauvais: Spec. doctr. V, X, p. 410. [Österley zu G. R. 126.]
Vincenz v. Beauvais: Spec. hist. V, 7 fo. 45 v⁰. [Varnhagen zu Fiori . . . No. XIII.]
Jac. de Cessolis p. 5. [Österley zu G. R. 126.]
Fiori e vita di Filosofi . . . ed. Varnhagen (Progr. Erlangen 1893) No. XIII.
Le Novelle antiche 56.
Gesta Romanorum Hs. v. 1342 c. 120, Österley c. 126 [Österley zu Pauli 392].
J. Junior: Scala celi unter Consiliarius fo. 44 v⁰. (Österley a. a O.)
Gottschalk Hollen: Serm. pars. est. Serm. 17 E.
„ „ „ „ hyem. „ 45 C.

Diese Novelle ist im M.-A. außerordentlich weit verbreitet; wohl deshalb, weil sie die Frauen in ungünstigem Lichte erscheinen läßt. Sie stammt aus der antiken Litteratur und wird zuerst von Cato erzählt (erhalten bei Gellius). Aus Gellius hat sie Macrobius

*) In der Prior add. Odonis und bei Bozon giebt grade ein Nachbar den Rat, die Katze so zu verstümmeln.

fast wörtlich abgeschrieben; und auf ihn gehen alle mittelalterlichen Versionen zurück. *) Doch haben sie wahrscheinlich Macrobius nicht direkt benutzt; denn in allen mittellat. Texten fehlen einige Züge, die sich bei dem antiken Schriftsteller finden (der Senat verschiebt die Verhandlungen auf den nächsten Tag, die Senatoren sehen schon beim Eintritt in die Kurie die heranziehenden Weiberhaufen. **) Da nun jede Version für sich wieder einzelne Züge bewahrt hat; die in andern fehlen, so kann keine der überlieferten mittelalterlichen Darstellungen die Quelle aller anderen gewesen sein; sondern wir müssen zwischen Macrobius und den mittellateinischen Fassungen des Stoffes eine unbekannte Bearbeitung dieser Erzählung des Macrobius einschieben, aus der die oben angeführten lat. Schriftsteller des M.-As. geschöpft haben. ***) Unser Dichter weicht gegen Schluß von sämtlichen überlieferten Versionen dieser Novelle ab, indem er berichtet, daß der Senat die Weiber vertröstet und heim geschickt habe; dann erst sei alles durch den Knaben aufgeklärt worden. In der vorausgesetzten lat. Bearbeitung des Macrobius kann dies nach der Übereinstimmung aller übrigen Fassungen mit dem Original nicht gestanden haben. B. scheint hier in der That selbständig geändert zu haben. Im übrigen stimmt er noch am meisten mit Jac. de Cessolis und den Gesta R. überein. Gottschick hatte (1. Progr. p. 7 — Zs. f. d. Ph. XI, 324), ohne die anderen schon von Österley angegebenen Parallelen zu berücksichtigen, nur die G. R. herangezogen. Die G. R. stimmen hier stark mit dem jedenfalls älteren Schachbuch des Jac. de Cessolis (zweite Hälfte des 13. Jhs.) überein. Hält man aber beide Erzählungen mit der Boners zusammen, so ergiebt sich, daß der deutsche Dichter nur Jac. de Cessolis benutzt haben kann, dem er auch da folgt, wo die G. R. abweichen: J. de C.: „*Dumque puer Papirius redisset*

---

*) Macrobius zitiert von Vincenz v. Beauvais an beiden Stellen, Jac. de Cessolis, Gesta Rom., J. Junior, Hollen Est. 17, E; Hyem. 45 C zitiert er die Gesta R. – Jacob v. Vitry hat hier nicht aus der litterarischen Überlieferung geschöpft. Bei ihm ist der Stoff schon so umgestaltet (statt Knabe und Mutter — Mann und Frau), daß er hier für Boner nicht in Betracht kommen kann.

**) Daß die Berufung auf einen Autor nicht immer Zeugnis für direkte Benutzung ist, vgl. S. 59 zu B. 85.

***) Ausgenommen natürlich Hollen, der aus den Gesta R. schöpft, und die Gesta R. selber, die wahrscheinlich Jac. de Cessolis benutzt haben.

domum et mater interrogaret unde venisset et quo iret, respondit
puer se interfuisse consilio senatorum cum patre. At illa: Quae
et qualia egerunt patres in senatu? Cui ille: Non est licitum
dicere . . ."

B. 97, 14: do geriet des knaben muoter klagen,
        wa er sô lange wær gesin.
        er sprach: „liebiu muoter min,
        ich gieng mit mînen vatter uz,
        und kâm hin in daz râthûs."
    21: zuozim sin muoter sprach zehant:
        „waz meinet, daz si hiute hânt
        sô lang gerâten?" — „vrouwe mîn,
        daz ich daz sage, daz mag nicht sin."

G. R.: „*Cumque puer esset reversus ad domum, mater eju*s
interrogavit puerum, quid consules precepissent nemini dicere
sub pena capitis. ait puer: Non licet alicui revelare."

Außer an dieser Stelle, die in allen anderen Versionen fehlt,
stimmt B. auch sonst näher mit Jac. de Cess. überein, als mit den
anderen, so gleich am Anfang: J. de C.: „ . . . *puer quidam*
Romanus, nomine Papirius, semel iunctus intravit in senatum
Romanorum, ubi quoddam secretissimum est habitum consilium,
quod non licebat alicui revelare" = B. 97, 1—14. Bei Boner
fehlt nur die Bemerkung, daß die Todesstrafe auf den Verrat der
geheimen Verhandlung gesetzt war. Von allen bekannten lat.
Fassungen dieser Novelle steht B. der des Jac. de Cessolis am
nächsten, die recht wohl seine unmittelbare Quelle gewesen
sein kann.

98. Von einem bischofe und einem erzpriester.

Etienne de Bourbon No. 68, 401, 444, 488. [Lecoy de l. M. p. 70
    Anm. 1, zitiert Boner.]
Spec. Mor. Bd. II l. III, 2, 20 fo. 85 r⁰ und III, 7, 17 fo. 144 r⁰.
    [Gottschick Zs. f. d. Ph. XI, 328.]
Joh. de S. Geminiano: Conciones p. 371.
Hugo v. Trimberg: Renner 10884 p. 127. [Lessing X, 354.]
Joh. Junior: Scala celi unter amor fo. 12 r⁰. [Gottschick a. a. O.]

Diese acht lat. Parallelen unserer Novelle von dem Bischof‚
seinem Nepoten und dem Korb Birnen reduzieren sich bei näherer
Betrachtung auf vier Varianten. Et. de Bourbon 401 und 488 sind

außer am Schlusse identisch. Et. de B. 68 ist vom Verf. des
Spec. mor. III, 2, 20 und von J. de S. Gem. wörtlich abgeschrieben;
Spec. mor. III, 7, 17 ist eine Kopie von Et. de B. 444. Nur die
Erzählung des J. Junior ist nicht direkt von Et. de B. abgeleitet.
Der Verf. beruft sich vielmehr auf „Umbertus". Damit ist jedenfalls der Dominikanergeneral Humbertus de Romanis († 1277 oder
74, vgl. Wetzer und Welte VI, 415) gemeint. In seinem Haupt-
werke „De cruditione praedicatorum", das auch einige Exempla
enthält, habe ich diese Erzählung nicht gefunden, ebensowenig in
dem Liber de abundantia exemplorum, das ihm von Einigen zugeschrieben wird.

Schon Gottschick (Zs f. d. Ph. XI, 328) hat bemerkt, daß
B. sehr genau mit Spec. mor. III, 2, 20 übereinstimmt, und hat
beide Fassungen der Novelle neben einander gestellt. Von allen
bekannten Versionen steht B. allerdings dieser am nächsten. Er
folgt ihr Zug für Zug ohne etwas Wichtiges auszulassen. Es kann
keinem Zweifel unterliegen, daß er sie als unmittelbare Quelle
benutzt hat. Diese Version liegt nun aber außer im Spec. mor.
auch noch bei Et. de Bourbon No. 68 und bei Joh. de S. Gem.
vor und zwar in genau demselben Texte, den der Verf. des Spec.
mor. und Joh. de S. Gem. eben aus Et. de B. abgeschrieben haben.
Deshalb ist die Frage, wen von diesen dreien B. benutzt hat,
müßig; es ist eben immer der Text Etiennes de Bourbon. Da
das Buch Etiennes de Bourbon von den geistlichen Schriftstellern
sehr viel gelesen, zitiert und benutzt wurde, im Gegensatz zu dem
ungeheuer umfangreichen Spec. mor. und den ziemlich obskuren
Predigten des Italieners, die überdies beide nicht viel älter sind
wie B., so ist es doch weit wahrscheinlicher, daß auch unser
Dichter den Stoff zu seinem 98. Beispiel aus Et. de B. selber
geschöpft hat. *)

Damit erledigt sich die Annahme Gottschicks, Umbertus sei
auch die Quelle Bs. gewesen. Seine Erzählung, wie sie in der
Scala celi vorliegt, scheint vielmehr auf Et. de B. 444 zurückzu-
gehen, während B. am meisten mit No. 68 übereinstimmt. **)

---

*) Ebenso Lecoy de la Marche zu No. 68, der aber die anderen Parallelen
nicht kennt, p. 70 Anm.: „Cet apologue . . . a fourni un sujet à U. Boner."

**) Lessing hatte angenommen, B. habe eine lat. Übersetzung der
Erzählung Hugos von Trimberg benutzt. Nach dem reichen Parallelen-
material, das jetzt vorliegt, ist eine derartige Annahme ganz unnötig.

99. *Von einem törechten schuolpfaffen.*

G. Hager: Meisterlied von 1625. Zs. f. vergl. Littgesch. VII, 465.
(Zincgref): Newlich vermehrte Pennal- vnd Schul-Possen oder
Geschichte . . . . . Durch einen Liebhaber der Historischen
Schwenke vnd Zeitvertreiberey zum Druck befördert. Ge-
schehen zum Schnackenberge anno MDCLII. fo. Bij v⁰.
(Sammelband der Gießener Bibl.)
[Diese Parallele verdanke ich der freundlichen Mitteilung von Herrn
Dr. J. Bolte.]
Goedecke III ² 35 kennt nur das Berliner Exemplar.

Für diese reizende Erzählung von dem verbummelten Studenten,
der des Vaters Geld auf der Universität durchgebracht hat und so
dumm heimkommt, wie er fortgegangen ist, sind bisher weder
Quelle noch Parallelen nachgewiesen. Ich kann zur Geschichte
dieses Stoffes nur zwei deutsche Parallelen beisteuern, die überdies
weit jünger sind als B. und womöglich von ihm beeinflußt. Hager
erzählt, wie ein Bauernsohn, der von der hohen Schule heimge-
kommen ist, zu Hause im Bette liegend, mit Staunen ein Dach-
brett betrachtet, an dem noch Kuhmist klebt, und sich darüber
wundert, wie denn die Kuh da hinaufgekommen sei. Zincgref
erzählt in seiner Sammlung von Studentenwitzen:

„Ein Pennal war von der hohen Schul heim kommen,
lag morgens im Bette, vnd sahe oben einen Kuehdreck hangen,
der disputirt bey sich selbst, wie es doch moechte zugangen seyn,
daß die Kuh da hinauff geschissen hette."

Ebenso erstaunt bei B. der von der Pariser Hochschule zurück-
gekehrte Sohn des Ritters über den Kuhschwanz an der Wand und
fragt, wie denn die Kuh durch das kleine Loch gekommen sei.

100. *Von einem künege und einem scherer.*

Thomae Cantipratani Bonum universale de apibus. Douay 1605
    p. 415. [Österley zu Gesta R. 103.]
Etienne de Bourbon 81.
Martinus Polonus : Promptuarium exemplorum. Ex. de verbo dei N.
    [Österley a. a. O.]
Liber de abundantia exemplorum. Pars IV. De fructibus memorie
    iudicii.
Speculum morale Bd. II. 1. III, 1, 9 fo. 14 r⁰. [Österley a. a. O.]

Gesta Romanorum Hs. v. 1342 c. 162, Österley c. 103. [V. Schmidt
zu Petr. Alf. p. 141.]

Dialogus Creaturarum 93. [V. Schmidt p. 142.]

Bromyard: Summa predicantium C 10, 13 fo. 61 v⁰. [Österley
a. a. O.]

Fabeln, Erzählungen und Schwänke des 15. Jhs., hsg. v. Bächtold
Germ. 33, 262. No. 5.

Die orientalische Novelle von dem König, der um hohen Preis
den˚weisen Spruch kauft: „Bedenke das Ende!" und durch ihn von
einem Mordanschlag gerettet wird, findet sich im Abendland litterarisch seit der Mitte des 13. Jhs. belegt und zwar ziemlich gleich-
zeitig bei Thomas von Chantimpré in seinem Buche vom Bienen-
staat und bei Et. de Bourbon. Die Erzählung des letzteren findet
sich wörtlich bei Martin v. Troppau und im Spec. mor. wieder.
Keine von beiden Versionen hat unser Dichter benutzt. Beide
erzählen, wie ein König (bei Et. de B. ein Königssohn, bei Bromyard
ein *cmptor quidam)* auf den Markt kommt und dort selber den
Spruch einkauft. Bei Boner schickt er seine Diener aus. Bei Et.
de B. und seiner Sippe sitzt der Verkäufer in einem außen prächtig
geschmückten, innen aber leeren Hause und ist in ein Buch ver-
tieft. Beides fehlt bei B. Bei Th. v. Ch. lautet der Spruch:
*„Temere nihil loquaris, temere nihil attentes, nisi prius cogites
quid sequatur",* bei Et. de B.: *„In omnibus factis tuis considera
antequam facias, ad quem finem inde venire valeas."* Bei Th. v.
Ch. wird als Grund der Adelsverschwörung die freundliche Haltung
des Königs gegen das vom Adel bedrückte Volk angegeben, wovon sich bei B. kein Wort findet. Bei beiden lat. Schriftstellern
sowie bei Bromyard erblickt der Bartscherer den Spruch auf der
Rasierserviette am Halse des Königs, bei B. schon an der Thür
des Palastes. Die Gesta R. können für B gar nicht in Betracht
kommen. Sie erzählen unsere Novelle vom Kaiser Domitian, der
von einem Kaufmann, der in den Palast gekommen, drei Sprüche
kauft, darunter als ersten den unserer Erzählung. Alle drei retten
ihm der Reihe nach das Leben. Auch hier erblickt der Scherer
den Spruch erst am Tuche. *)

---

*) Gottschick berücksichtigt 1. Progr. p. 7 und Zs. f. d Ph. XI, 324
nur die Version der G. R., obschon er in dem Verzeichnis Österleys auch
noch andere hätte finden können, denen B. doch noch näher steht als
den G. R.

Im Liber de ab. ex. ist der Käufer der Weisheit *quidam iuvenis nobilis*. Auch hier erblickt der Scherer den Spruch auf dem Rasiertuch. Die von Bächtold herausgegebene Erzählung hat den Stoff schon stark umgestaltet. Der Verkauf der Weisheit fehlt. Der Stoff scheint aus mündlicher Tradition geschöpft zu sein. Von allen bekannten lat. Versionen dieser Novelle berührt sich Bs. Beispiel am nächsten mit dem Dial. Creat.: Der Verkäufer sitzt auf dem Markte *„in loco eminentiori"* (von dem seltsamen Hause ist wie bei B. keine Rede) und bietet seine Weisheit feil: *„dixit se velle vendere sapientiam".* B. 100, 16:

> gróz wisheit hab ich veil.

Sie lautet: *„In omnibus quae acturus es, semper cogita, quid tibi inde possit accidere."* Zum Schluß wird auch der Vers zitiert: *„Quidquid agas (!) prudenter agas et respice finem."* B. 100, 35—37 und 71—72:

> . . . du solt daz end ansehen
> dinr werken, und waz dir beschehen
> mag dar umbe kümfteklich.

B. erzählt: Der König schickt seine Knechte auf den Markt, die über den Spruch ebenso spotten, wie die Käufer im Dial. Creat.: *„Quod cum multi deriderent et cedulam vellent projicere, ait: portate ad dominum vestrum, quia bene valet pretium."* B. 100, 39: „dem künge bringent diz gebot

> von mir." daz dûcht si gar ein spot u. s. w.

„Quod cum princeps (bei B. König) *accepisset, litteris aureis* (nur im Dial. Creat.) *in ostio palatii scribi fecit* (bei den anderen: überallhin)."
B. 100, 47: „er hiez ez schriben ûf sin tür

> mit guldin buochstaben . . ."

Bei beiden Schriftstellern liest der Scherer den Spruch schon an der Thüre. So stimmt B. fast Zug für Zug mit dem Dial. Creat. überein und weicht nur in Geringfügigem von ihm ab. Nun kann B. dies Werk aber aus chronologischen Gründen nicht unmittelbar benutzt haben. Wir müssen daher annehmen, daß er aus derselben Quelle geschöpft hat wie der Verfasser des Dialogus Creaturarum.

Das Ergebnis.

Ziehen wir die Summe!

Für fast alle der nicht aus dem An. Nev. und Avian entnommenen Stoffe konnten wir nachweisen, daß sie schon vor B. in der lat. Litteratur behandelt waren. In den meisten Fällen ließen sich die Quellen, aus denen er unmittelbar geschöpft hat, bestimmen. Wo dies nicht möglich war, wurden die zeitlich und inhaltlich nächsten Parallelen herangezogen. Fast überall konnte neues Material zur Geschichte der Novelle im M.-A. beigebracht werden. Auch diejenigen Stoffe, für die bisher alle Nachweisungen fehlten, wurden litterarisch belegt.

Die gewonnenen Resultate weichen mit wenigen Ausnahmen von denen früherer Untersuchungen ab [vgl. die Zusammenstellungen von Schönbach Zs. f. d. Ph. VI, 288, Gottschick 2. Progr. p. 23 und Bächtold: Gesch. d. dtsch. Litt. in der Schweiz. Anm. p. 46].

Im einzelnen konnten wir mit größerer oder geringerer Sicherheit folgende Schriften als Quellen der Beispiele Bs. nachweisen (außer dem An. Nev. und Avian):

Aus der **antiken Litt.**:

Valerius Maximus oder sehr treue mittelalterl. Bearbeitung für B. 72.

Aus der **patristischen Litt.**:

S. Hieronymus Episteln für B. 4.

„ adv. Jovin. für B. 58.

Lat. Barlaam und Josaphat für B. 92.

Aus der **lat. Novellistik des M.-A.**:

Petrus Alfonsi für B. 71 und 74.

Jakobs v. Vitry Exempla für B. 48, 82 und 85.

Etiennes v. Bourbon: Liber de septem donis spiritus sancti für B. 95 und 98 (vielleicht auch noch für B. 87 und 94).

Martins v. Troppau: Spec. exempl. für B. 94.

Etiennes v. Besançon: Alphab. narrat. für B. 52.

Liber de abundantia exemplorum für B. 87.

Jakobs v. Cessolis Schachbuch für B. 97.

Die Quelle des Dialogus Creaturarum für B. 100.

No. 49 und 70 sind einer erweiterten Redaktion des An. Nev. entnommen.

Für No. 2, 76 und 96 ließ sich unter den älteren lat. Erzählungen eine Entscheidung nicht treffen.

Keine lat. Parallelen vor B. sind bekannt zu No. 49 und 53. **Überhaupt** erst seit B. bezeugt sind: No. 89 und 99.

Es wäre nun noch wie in den vorigen Abschnitten die Frage **nach** der oder den für die Novellen benutzten Hss. zu beantworten. Vor allem ist hier zu bemerken, daß keine Hs. bekannt ist, **die** alle diese von B. benutzten lat. Erzählungen enthielte. Nun läßt sich aber innerhalb dieser Gruppe von Beispielen überall die **gleiche** Technik beobachten. Alle erscheinen wie aus einem Guß. Sie werden also jedenfalls als besondere Gruppe in einem kürzeren Zeitraum gedichtet worden sein. Das führt zu der Vermutung, **daß** der Verf. nicht erst während der Arbeit die zu übertragenden **lat.** Exempla gesammelt hat, daß ihm vielmehr schon eine Exempelsammlung vorlag, aus der er dann (außer No. 4) auswählte. Der Besitz einer solchen Exempelsammlung (neben den beiden Fabelsammlungen) in der Hand eines Predigermönchs ist an und für sich schon vorauszusetzen. Die weitere Frage, ob B. sich diese Sammlung selber angelegt hat, oder die eines anderen benutzte, hätte uns nur der Dichter selbst beantworten können. *) Ich halte sie aber für höchst nebensächlich. Die Texte dieser Sammlung können — selbst in Einzelheiten — von denen der nachgewiesenen Originale nur wenig abweichen.

Wie dem auch sei: Im Ganzen, muß man sagen, hat unser Dichter aus der ihm zu Gebote stehenden Litteratur seine Stoffe mit Geschick ausgewählt und mit richtigem Blick manche vorzügliche Erzählung bearbeitet, die auch in der neueren Litteratur zu großem Ansehen gelangt ist.

D. Anspielungen auf andere Erzählungen.

Es erübrigt uns noch, einige Stellen innerhalb der Beispiele selber zu betrachten, wo der Dichter zur Erhärtung der vorgetragenen Moral auf andere Erzählungen von Tieren hinweist: so 49, 94 (Habicht und Krähe): •

> der **ochse** sprach ouch: „dise nôt
> hab ich mir selber getàn",
> do er muost vor dem wagen gàn,
> und selber ûz vüeren den mist."

---

*) Zu Gunsten der zweiten Möglichkeit könnte man Vorrede 47 deuten: „als ich ez vant geschriben."

76

Zu diesem Apophthegma zitiert Wander (Sprichwörterlexikon III, 1097), ohne auf B. zu verweisen, ein Sprichwort aus einer viel jüngeren Sammlung: Petri: Der Teutschen Weisheit Hamburg 1605 II, 883 „Die Ochsen machen und treten den Mist und müssen jhn darnach ausführen". *) 91, 67 nennt B. als Ebenbild der doppelzüngigen Menschen den **Skorpion**:

si tuont alsô der scorpiô:
der lecket vor, und ist ouch vrô,
so er sich balde richet
und mit dem sweife stichet.

Das im späteren M.-A. vielgelesene Naturbuch des Barthol. Anglicus (Mitte des 13. Jhs.): De proprietatibus rerum (Frankfurt 1601 p. 1113 l. XVIII c. 96) sagt: „*Et dicitur scorpio a σκόρπη quod est dulce et ποιέω, ὦ id est fingere, quia in anteriori parte blanditias fingit, in posteriori pungit.*" Bezzenberger zu Freidank 171, 27 zitiert Reinardus 2, 597: „*Scorpio blanditur vultu, pars postera pungit.*" Vgl. auch Plinius Nat. Hist. XI. 25 (ed. Sillig Bd. II, p. 275, 87).

In der Moral der 93. Fabel rühmt B. von dem **Hunde** 93, 37 sin zunge wunden heilen kan.

Barth. Angl., der sonst immer Allerlei von der Heilkraft der Tiere zu erzählen weiß, hat davon nichts. Sollte diese Stelle auf Matth. 16, 20 (der arme Lazarus) zurückgehen? „*. . et canes veniebant et lingebant ulcera eius.*" Das Blutlecken der Hunde wird in der Bibel öfters erwähnt, nie aber in dem Sinne wie bei B. Von der heilenden Kraft des Hundsblutes spricht S. Ambrosius: Hexaemeron VI, 4, 26 (opera I, 123): „*Omnis fera aegra canis hausto curatur sanguine.*"

(Abgeschlossen November 1896.)

---

*) B. 49, 94. 95 = B. 24, 50: „dis nôt hân ich mir selb getân."

Lebenslauf.

Christian Waas, geboren am 1. Februar 1874 zu Friedberg in der Wetterau als Sohn des Posthalters Heinrich Waas, ist evangelischer Konfession. Er besuchte die Realschule und das Progymnasium seiner Vaterstadt, dann das Ludwig-Georgsgymnasium und das neugegründete Neue Gymnasium zu Darmstadt, wo er am 10. März 1892 das Maturitätsexamen bestand. Um sich dem Studium der germanischen Philologie und der Geschichte zu widmen, begab er sich im Sommersemester 1892 nach Heidelberg. Hier wohnte er den Vorlesungen der Professoren Brandt, Braune, von Domaszewski, von Duhn, Erdmannsdörffer, K. Fischer, von Öchelhäuser, Osthoff, Rohde, von Waldberg, Winkelmann †, Wunderlich, Priv.-Doz. Dr. Sütterlin bei und nahm an den Übungen des germanischen Seminars unter Leitung Braunes und denen des historischen unter Erdmannsdörffer und Winkelmann teil. Das Wintersemester 1893/94 studierte er in Berlin, wo er die Vorlesungen der Professoren Erich Schmidt, Scheffer-Boichorst, von Treitschke †, Wagner, Lektor Harsley und Priv.-Doz. Dr. Froehde und das historische Seminar unter Scheffer-Boichorst besuchte. Sommer 1894 bezog er die Landes-Universität Giessen. Hier hörte er bei den Professoren Behaghel, Behrens, Gundermann, Höhlbaum, Oncken, Schiller, Siebeck, Priv.-Doz. Dr. Sauer und war Mitglied des germanisch-romanischen Seminars unter Prof. Behaghel und Behrens und des historischen unter Prof. Höhlbaum und Oncken und wohnte den Übungen des Priv.-Doz. Dr. Sauer bei. Am 4. März 1896 bestand er die Prüfung für das höhere Lehramt und ist seitdem Lehramtsaccessist am Neuen Gymnasium zu Darmstadt und Mitglied des pädagogischen Seminars unter Leitung Dir. Nodnagels.

Allen seinen Lehrern sagt der Verfasser seinen herzlichen Dank; besonders Herrn Prof. Behaghel, der ihn zur Fortführung dieser Arbeit veranlaßte. Für briefliche Mitteilungen ist er Herrn Dr. J. Bolte, Prof. Fränkel und Stiefel zu Danke verpflichtet. Vor allem aber gebührt der Liebenswürdigkeit der Beamten der Darmstädter Hof- und der Giessener Universitäts-Bibliothek herzlichster Dank, durch deren Vermittelung dem Verfasser auch Werke aus der Berliner Königl. Bibl., der Straßburger Landes- und Univ.-Bibl. und der Göttinger Univ.-Bibl. zur Verfügung gestellt wurden.

Druckfehlerverzeichnis.

S. 6 Zeile 21 von oben lies „caelestis",

S. 10 „ 15 „ „ „ „rhythmicae".

Ebenso S. 10 Zeile 8 und 2 von unten

und S. 11 „ 2 „ 7 „ oben.